Sentido e Percepção

CB059230

J. L. Austin (John Langshaw Austin – 1911-1960) nasceu em Lancaster e estudou em Oxford, onde se tornou professor de filosofia depois de diversos anos de serviço na Inteligência Britânica durante a Segunda Guerra Mundial. Austin publicou pouco de seu trabalho filosófico durante sua breve vida. Seus alunos compilaram seus trabalhos e conferências em livros que foram publicados postumamente, incluindo *Philosophical Papers* (1961) e *Sentido e percepção* (1962).

J. L. Austin

Sentido e Percepção

Tradução
ARMANDO MANUEL MORA DE OLIVEIRA

wmf martinsfontes

Esta obra foi publicada originalmente em inglês com o título
SENSE AND SENSIBILIA.
Copyright © Oxford University Press, 1962.
Copyright © 1992, Livraria Martins Fontes Editora Ltda.,
São Paulo, para a presente edição.

1ª edição *1993*
3ª edição *2021*

Tradução
ARMANDO MANUEL MORA DE OLIVEIRA

Revisão da tradução
Jefferson Luiz Camargo
Revisões
Lígia Silva
Helena Guimarães Bittencourt
Dinarte Zorzanelli da Silva
Produção gráfica
Geraldo Alves
Capa
Katia Harumi Terasaka Aniya

Dados Internacionais de Catalogação na Publicação (CIP)
(Câmara Brasileira do Livro, SP, Brasil)

Austin, John Langshaw, 1911-1960.
Sentido e percepção / J. L. Austin ; tradução Armando Manuel Mora de Oliveira. – 3ª ed. – São Paulo : Editora WMF Martins Fontes, 2021. – (Biblioteca do pensamento moderno)

Título original: Sense and sensibilia.
ISBN 978-65-86016-80-2

1. Percepção I. Título. II. Série.

21-71986 CDD-153.7

Índices para catálogo sistemático:
1. Desenvolvimento perceptivo : Psicologia 153.7
2. Percepção : Psicologia 153.7

Cibele Maria Dias - Bibliotecária - CRB-8/9427

Todos os direitos desta edição reservados à
Editora WMF Martins Fontes Ltda.
Rua Prof. Laerte Ramos de Carvalho, 133 01325-030 São Paulo SP Brasil
Tel. (11) 3293.8150 e-mail: info@wmfmartinsfontes.com.br
http://www.wmfmartinsfontes.com.br

À memória
da companheira de minha juventude
dedico este livro
inteiramente inspirado por seu espírito

PREFÁCIO

Austin lecionou muitas vezes sobre os problemas de que se ocupa este livro. As primeiras conferências realizadas na forma aqui apresentada foram as que proferiu no Trinity Term de 1947, em Oxford, sob o título "Problemas em Filosofia". O título "Sense and Sensibilia"* foi usado pela primeira vez no Trinity Term do ano seguinte, e foi conservado desde então.

Neste caso, como de resto em outros, Austin reviu e reescreveu repetidamente as anotações. Ainda existem anotações sem data, muito fragmentárias, que talvez sejam as que usou em 1947. Outro grupo de notas foi preparado em 1948, e mais outro em 1949. Este último, no qual Austin introduziu acréscimos e correções em 1955, abrange as partes mais antigas de sua doutrina com notável detalhe, mas as notas para as últimas preleções são muito menos copiosas, e claramente incompletas. Um quarto grupo de notas foi escrito em 1955, e o último em

---

* O título aludiria, segundo a tradição de Oxford, ao romance *Sense and Sensibility* [Razão e sensibilidade], de Jane Austen. (N. do T.)

1958, destinado ao período de outono desse ano na Universidade da Califórnia. As preleções sobre "Sense and Sensibilia" foram oferecidas pela última vez em Oxford, no Hilary Term de 1959.

Além desses rascunhos mais ou menos contínuos havia, entre os papéis de Austin, várias folhas separadas, de datas diversas, em que ele fizera anotações relativas aos mesmos problemas. A substância de muitas delas foi incorporada às notas destinadas às conferências, e, portanto, também ao presente volume. Algumas, contudo, pareciam apenas tentativas iniciais, e outras, ainda que por vezes muito detalhadas, foram evidentemente feitas durante a fase de preparação das preleções, mas sem o intuito de que viessem a fazer parte delas.

Todo o material manuscrito encontra-se na Biblioteca Bodleiana de Oxford, à disposição dos estudiosos.

As notas posteriores, de 1955 e 1958, não cobrem por completo os tópicos discutidos. Consistem, na maior parte, em material adicional, e no restante remetem aos rascunhos de 1948 e 1949 com pequenos arranjos, revisões e correções. Neste volume, esse material adicional encontra-se, basicamente, na seção VII, na última parte da seção X e na XI. Quando do curso em Berkeley, Austin também utilizou parte do material contido no ensaio "Unfair to Facts". Mas, como ele não fazia parte do tema dessas preleções, foi aqui omitido, tendo em vista que já existe em livro.

É preciso explicar com alguma minúcia como foi preparado o presente texto. Não há dúvida de que Austin contava com a publicação de seu trabalho sobre a percepção, mas nunca se lançou à tarefa de prepará-lo para esse fim. As notas serviam-lhe apenas para os cursos, e, do nosso ponto de vista, é uma pena que fosse capaz de lecionar com perfeita fluência e precisão sem ter de escrever todo o material de que ia tratar. A publicação das notas no estado em que se encontravam estava, portanto, fora de cogitação; nessa forma, seriam ilegíveis, e, na verdade, praticamente ininteligíveis. Assim, decidiu-se que seriam redigidas de forma contínua, e deve-se ter em mente que, embora seja o mais fiel possível às anotações de Austin, o texto ora apresentado não contém praticamente nenhuma frase que seja transcrição direta do manuscrito. A versão aqui oferecida segue mais de perto as notas de Austin nas seções I-VI, VIII e IX, nas quais a argumentação pouco variou desde 1947. Nas seções VII, X e XI, embora não caiba nenhuma dúvida séria sobre qual era a argumentação de Austin, foi consideravelmente mais difícil dizer, a partir das notas, como e em que ordem ela deveria ser disposta. Nestas seções, o leitor deve ter o cuidado especial de não atribuir peso demais a cada detalhe do que lhe é apresentado; nelas se encontra a maior probabilidade de erros de editoração.

Na verdade, acreditar que eles não se tenham insinuado em outros pontos seria esperar demais. Só para falar do número de palavras, o presente texto deve ter aumentado em cinco ou seis vezes a extensão até mesmo do conjunto mais completo de anotações; e, ainda que não haja motivo para duvidar de que as opiniões de Austin fossem substancialmente como aparecem aqui, é impossível ter certeza de que não estejam, em alguma parte, desvirtuadas em seus detalhes. O que Austin queria dizer *exatamente* – como teria, por exemplo, desenvolvido ou qualificado na exposição determinada expressão, ou mesmo palavra, presente nas notas – é por vezes conjetural, e, em alguns pontos, é mais do que possível que outro editor houvesse preferido uma interpretação diferente. Isto, sem dúvida, é inerente ao processo de reescrita, insatisfatório mas, neste caso, inevitável. Portanto, o texto que segue não pode ser lido como se reproduzisse, palavra por palavra, o que Austin realmente disse nas suas preleções, nem, evidentemente, se aproxima – e talvez em nenhum momento chegue perto – daquilo que ele teria escrito se houvesse preparado um texto para publicação sobre este tema. O máximo que se pode alegar – ainda que eu o faça com confiança – é que em todos os pontos fundamentais (e em *muitos* de fraseologia) a sua *doutrina* era a que este livro contém. Na verdade, se assim não fosse, nem se cogitaria da publicação nesta forma.

Acrescente-se que não se deve a Austin a divisão do texto em seções, com o que se pretende apenas estabelecer uma distinção entre os sucessivos estágios da discussão. É inevitável que sua própria divisão em conferências resultasse algo arbitrária, e foi alterada repetidas vezes, não sendo, portanto, aconselhável ou desejável adotá-la.

Diversas pessoas que assistiram a preleções de Austin, em Oxford e nos Estados Unidos, tiveram a gentileza de me enviar as suas anotações. Foram muito úteis – sobretudo as do sr. G. W. Pitcher, de Princeton, e de membros do Departamento de Filosofia de Berkeley, quase tão completas quanto as do próprio Austin. Receio que os que escutaram as preleções (como eu mesmo, em 1947) venham a encontrar, no livro, algo que só muito imperfeitamente se aproxima do que foi dito por Austin. Espero, contudo, que estejam dispostos a concordar que mesmo um registro assim é melhor que nada.

Gostaria de expressar os meus agradecimentos ao sr. J. O. Urmson, que leu o texto datilografado e propôs muitas sugestões úteis, que muito contribuíram para melhorá-lo.

G. J. Warnock

Novembro de 1960

I

Nestas aulas, vou discutir algumas doutrinas conhecidas (a esta altura talvez nem tanto) acerca da percepção sensível. Receio que não cheguemos ao ponto de decidir da verdade ou falsidade dessas doutrinas; na verdade, porém, essa é uma questão que *não pode* ser decidida, pois ocorre que todas essas teorias querem abarcar o mundo com as pernas. Na discussão, tomarei como pretexto principal *The Foundations of Empirical Knowledge*[1], do professor A. J. Ayer, mas também mencionarei *Perception*[2], do professor H. H. Price, e, mais adiante, o livro de G. J. Warnock sobre Berkeley[3]. Há bastante o que criticar nesses livros, mas escolho-os por causa dos seus méritos, e não de suas deficiências. Parecem fornecer as melhores exposições disponíveis das razões aceitas para sustentar doutrinas que remontam pelo menos a Heráclito – mais completas, coerentes e exatas em sua terminologia do que, por

1. Macmillan, 1940.
2. Methuen, 1932.
3. Penguin Books, 1953.

exemplo, as que se encontram em Descartes ou Berkeley. Não há dúvida de que os autores desses livros já não sustentam as teorias neles expostas, ou, de qualquer modo, de que não as exporiam novamente da mesma forma. Mas eles, pelo menos, defenderam-nas há não muito tempo, e, evidentemente, um bom número de grandes filósofos sustentou essas teorias e propôs outras doutrinas delas resultantes. Os autores que escolhi para discutir podem diferir entre si com base em certas sutilezas que, eventualmente, levaremos em conta – por exemplo, parecem divergir quanto a saber se a distinção principal que estabelecem é entre duas "linguagens" ou entre duas classes de entidades –, mas acredito que concordam entre si, e com os seus predecessores, em todos os seus principais pressupostos (que, em sua maior parte, passam despercebidos).

Suponho que, idealmente, uma discussão desta espécie deveria começar pelo exame dos textos mais antigos; mas, neste caso, tal caminho nos é vedado pelo fato de esses textos não mais existirem. As doutrinas que discutiremos – ao contrário, por exemplo, de doutrinas acerca dos "universais" – já eram bastante antigas no tempo de Platão.

A doutrina geral, enunciada na sua generalidade, apresenta-se assim: nós nunca vemos, ou, de outro modo, percebemos (ou "sentimos"), ou, de qualquer maneira, nunca percebemos ou sentimos *diretamente* objetos materiais (ou coisas materiais), mas somente dados dos sentidos (ou nossas próprias idéias, impressões, *sensa*, percepções sensíveis, perceptos, etc.).

Podemos muito bem desejar saber quão séria se pretende essa teoria, o quão estrita e literalmente os filósofos que a propuseram queriam que fossem interpretadas as suas palavras. Mas acho que, por ora, é melhor não nos preocuparmos com essa questão. Na verdade, não é nada fácil respondê-la, pois, por mais estranha que pareça a teoria, o fato é que nos dizem por vezes para não nos preocuparmos com ela – na realidade, ela nada mais faz que expor aquilo em que sempre acreditamos. (Pode-se ficar com uma parte e jogar fora o resto.) Seja como for, está claro que consideramos a doutrina *digna de ser enunciada*, e que as pessoas a acham perturbadora; portanto, podemos pelo menos começar com a certeza de que a teoria é merecedora de uma atenção séria.

Minha opinião geral sobre a teoria é a de que se trata de um ponto de vista *acadêmico*, imputável, primeiro, a uma obsessão por umas poucas palavras, cujos usos são simplificados em excesso e não são realmente entendidos, cuidadosamente estudados ou corretamente descritos; e, segundo, a uma obsessão com uns tantos "fatos" mal estudados (e quase sempre os mesmos). (Disse "acadêmico", mas poderia também ter dito "filosófico"; simplificação excessiva, esquematização e constante repetição da mesma série de "exemplos" estéreis não apenas não são peculiares a este caso, mas são por demais difundidos para poderem ser descartados como uma fraqueza ocasional dos filósofos.) O que acontece, como procurarei mostrar, é que as palavras correntes são muito mais sutis em seus usos, e marcam muito mais distinções do que as vislumbradas pelos filósofos, e que os fatos da percepção, tal como descobertos, por exemplo, pelos psicólogos, mas também pelo comum dos mortais, são muito mais diversos e complexos do que se tem pensado. É fundamental, aqui como em toda parte, abandonar os velhos hábitos da *Gleichschaltung*, a adoração profundamente arraigada de dicotomias bem-arrumadinhas.

Assim, *não* vou – e que isto fique claro logo de início – sustentar que devamos ser "realistas", isto é, abraçar a doutrina segundo a qual *realmente* percebemos coisas (ou objetos) materiais. Essa doutrina não seria menos acadêmica e errônea que a sua antítese. A questão "Percebemos coisas materiais ou dados dos sentidos?" parece sem dúvida muito simples – *demasiado* simples –, mas é totalmente enganosa (cf. a questão igualmente ampla e simplista de Tales – "De que é feito o mundo?"). Um dos pontos mais importantes a compreender é que estes dois termos, "dados dos sentidos" e "coisas materiais", alimentam-se um ao outro – o que é factício não é um dos termos do par, mas a própria antítese[4]. Não existe *uma* espécie de coisa que nós percebemos, mas muitas espécies *diferentes*, cujo número pode ser reduzido (se é que pode) pela investigação científica, e não pela filosofia: sob muitos aspectos, mas não sob todos, canetas são muito diferentes de arco-íris, e estes são diferentes sob muitos, mas não sob todos os aspectos, das imagens consecutivas que, por sua vez, sob muitos aspectos, mas não todos, são diferentes de imagens na tela do cinema – e assim por diante, sem que se lhe possa determinar um limite. Assim, *não* devemos procurar uma resposta para a pergunta "Que espécie de coisas percebemos?". Acima de tudo, o que temos de fazer é, negativamente, livrarmo-nos de ilusões como "o argumento da ilusão" – um "argumento" que foi julgado, de certa forma, falacioso por aqueles que foram os seus mais competentes partidários, mais plenamente mestres de certo estilo especial e desenvolto de inglês fi-

---

4. O caso de "universal" e "particular", ou "individual", é similar em alguns aspectos, ainda que certamente não em todos. Em filosofia é muitas vezes aconselhável, sempre que um membro de um pretenso par passa a ser objeto de suspeição, suspeitar também da parte aparentemente inocente.

losófico que mascarava as dificuldades (Berkeley, Hume, Russell, Ayer). Não existe uma maneira simples de livrar-se dessas ilusões – em parte porque, como veremos, não existe um "argumento" simples. Temos uma massa de falácias sedutoras (verbais, na maior parte), e é preciso desenredá-las uma a uma e dar a conhecer uma grande variedade de motivos ocultos – uma operação que, em certo sentido, nos deixa no ponto em que começamos.

Num certo sentido, porém, esperamos poder aprender algo de positivo no tocante a uma técnica para dissolver as inquietações filosóficas (*algumas* espécies de in quietação filosófica, não a filosofia inteira), e, também, algo acerca dos significados de algumas palavras ("realidade", "parece", "tem aparência de", etc.), as quais, além de filosoficamente muito escorregadias, são interessantes por si mesmas. Além disso, não há nada tão obviamente maçante quanto a constante repetição de asserções que não são verdadeiras, e que, às vezes, são desprovidas da mínima sensatez; se pudermos reduzir um pouco esse estado de coisas, tanto melhor.

II

Examinemos, então, as primeiras páginas do *Foundations* de Ayer – a origem, diríamos, de um procedimento de sedução. Nesses parágrafos[1], já parece estarmos a ver o homem comum, aqui com a aparência implausível do próprio Ayer driblando vivamente para colocar-se diante de seu próprio objetivo* e posicionando-se para consumar a sua própria destruição.

Normalmente, não nos ocorre que haja necessidade de justificar a crença na existência de coisas materiais. Neste momento, por exemplo, não tenho a menor dúvida de estar efetivamente percebendo objetos familiares, cadeiras e mesas, quadros, livros e flores que mobiliam a minha sala; estou, portanto, convencido de que existem. Reconheço, de fato, que às vezes os sentidos enganam, mas isso não me leva a suspeitar de que as minhas percepções sensórias não sejam, em geral, dignas de confian-

1. Ayer, op. cit., pp. 1-2.

* O termo usado no original é *goal*, alusão ao fato de Ayer ser um torcedor entusiasta de um time de futebol de Londres. (N. do T.)

ça, ou mesmo que possam estar me enganando neste exato momento. E esta não é, acredito, uma atitude excepcional. Creio que, na prática, a maior parte das pessoas concorda com John Locke em que "a certeza da existência das coisas *in rerum natura,* quando temos o testemunho dos sentidos para nos apoiarmos nela, não constitui apenas o mais alto grau que nossa constituição física pode alcançar, mas é, também, proporcional às necessidades impostas por nossa condição".

Contudo, ao nos debruçarmos sobre os escritos dos filósofos que mais recentemente se ocuparam do tópico da percepção, começamos a nos perguntar se as coisas são assim tão simples. É verdade que, em geral, eles dão por bem fundada a crença na existência de coisas materiais; alguns, na verdade, dirão que há ocasiões em que se está certo da verdade de proposições tais como "isto é um cigarro", ou "isto é uma caneta". Mas, mesmo assim, a maior parte deles não está preparada para admitir que alguma vez percebamos diretamente objetos como canetas ou cigarros. Aquilo que, em sua opinião, percebemos diretamente, é sempre um objeto de um tipo diferente desses, um objeto a que agora se costuma dar o nome de "dado do sentido".

Nesse trecho estabelece-se, pois, um certo tipo de contraste entre o que nós (ou o homem comum) acreditamos (ou acredita) e o que os filósofos, pelo menos "a maior parte deles", acreditam ou "estão dispostos a admitir". Devemos examinar os dois lados desse contraste, e, com um cuidado especial, aquilo que o efetivamente dito pressupõe ou implica. Para começar, examinemos o lado do homem comum.

1. Fica claramente implícito, de início, que o homem comum acredita que percebe coisas materiais. Ora, se

se tomar isto como significando que o homem comum *diria* que percebe coisas materiais, o erro é manifesto, pois "coisa material" não é expressão que o homem comum use – e o mesmo se pode dizer de "percebe". Pressupõe-se, então, que a expressão "coisa material" apareça aqui não como aquilo que o homem comum *diria*, mas para designar, de um modo geral, a *classe* de coisas em que este último acredita, e das quais, de tempos em tempos, diz perceber exemplos específicos. Mas então teremos, sem dúvida, de perguntar o que essa classe abrange. Dão-nos como exemplos "objetos familiares" – cadeiras, mesas, quadros, flores, canetas, cigarros; a definição da expressão "coisa material" não é aqui (nem em nenhuma outra parte do texto de Ayer) levada a cabo[2]. Mas o homem comum *acredita* que o que percebe é (sempre) alguma coisa semelhante a peças de mobiliário ou outros "objetos familiares" – espécimes de produtos têxteis e afins de tamanho moderado? Podemos pensar, por exemplo, em pessoas, vozes, rios, montanhas, chamas, arco-íris, sombras, imagens na tela do cinema, gravuras em livros ou penduradas numa parede, vapores, gases – em tudo aquilo que as pessoas dizem que vêem (ou, em alguns casos, ouvem ou cheiram, isto é, "percebem"). São todas elas "coisas materiais"? Em caso contrário, quais exatamente não o são, e exatamente por quê? Não nos é concedida nenhuma resposta. O problema é que a expressão "coisa material" *já* está funcionando, desde o início, simplesmente como contraste para "dado dos sentidos"; não lhe atribuem neste caso, nem em nenhum outro, nenhum outro papel

2. Compare-se com a lista de Price na p. 1 de *Perception* – "cadeiras e mesas, gatos e pedras" –, ainda que ele complique as coisas ao acrescentar "água" e "terra". Veja-se também, na p. 280, o que ele diz sobre "objetos físicos" e "sólidos viso-tácteis".

para desempenhar, e, além disso, não ocorreria a ninguém tentar representar como um único *tipo de coisas* as coisas que o homem comum diz que "percebe".

2. Além disso, parece também estar implícito (*a*) que, quando o homem comum acredita não estar percebendo coisas materiais, acha que está sendo enganado pelos sentidos, e (*b*) que, quando crê estar sendo enganado pelos sentidos, acha que não está a perceber coisas materiais. As duas coisas estão erradas. O homem comum que viu, por exemplo, um arco-íris, se persuadido de que o arco-íris não é uma coisa material, não concluiria de imediato que estaria sendo enganado pelos sentidos; e, sabendo que o navio no mar, num dia claro, está muito mais distante do que parece, tampouco concluiria que o que vê não é uma coisa material (e, menos ainda, que estaria a ver um navio fantasma). Quer dizer, não há um contraste simples entre aquilo em que o homem comum acredita quando tudo vai bem (está "percebendo coisas materiais") e quando algo vai mal (os "sentidos enganam-no" e *não* está "percebendo coisas materiais"), como de resto também não o há entre aquilo que acredita perceber ("coisas materiais") e aquilo que os filósofos, por seu lado, estão dispostos a admitir, seja lá o que for. O terreno já está sendo preparado para *duas* falsas dicotomias.

3. E, a seguir, também não se sugere delicadamente, nesse trecho, que o homem comum é um pouco ingênuo?[3] "Normalmente não ocorre" ao homem comum que a sua crença na "existência de coisas materiais" precise de justificação – mas talvez isso *devesse* ocorrer-lhe. Não tem "nenhuma dúvida" de que realmente percebe cadeiras e

3. Price, op. cit., p. 26, diz que o homem *é* ingênuo, ainda que não pareça certo que ele seja, na verdade, um realista ingênuo.

mesas –, mas talvez devesse ter uma ou duas dúvidas, e não se dar tão facilmente por "satisfeito". O fato de que os sentidos às vezes nos enganam "não o leva a suspeitar" de que as coisas não são o que são – mas talvez uma pessoa mais reflexiva *fosse* levada a pensar assim. Ainda que, na aparência, esteja-se apenas a descrever a posição do homem comum, na verdade esses volteios verbais já operam, sutilmente, a destruição gradativa dessa posição.

4. Contudo, o que talvez seja ainda mais importante, está também implícito, e até mesmo dado por certo, que existe *espaço* para a dúvida e a desconfiança, quer o homem comum as sinta, quer não. A citação de Locke, com a qual se diz que a maior parte das pessoas estaria de acordo, contém de fato uma forte *suggestio falsi*. Sugere que, quando, por exemplo, olho para uma cadeira a alguns metros de distância, em plena luz do dia, acredito que tenho (*apenas*) toda a certeza de que necessito, e que posso conseguir, de que existe uma cadeira, e que a vejo. Mas, na verdade, neste caso o homem comum veria a dúvida não como desmedida, excessivamente sofisticada ou pouco prática, mas como um *absurdo* manifesto. Diria, com razão: "Se isto não é ver uma cadeira de verdade, então não sei o que seja ver uma cadeira." E, além disso, embora a suposta crença do homem comum em que as "percepções dos sentidos" podem "em geral" ou "agora" ser confiáveis contraste implicitamente com o ponto de vista dos filósofos, verifica-se que este ponto de vista dos filósofos não é o de que as "percepções dos sentidos" *não possam* ser dignas de confiança "agora" ou "em geral", ou sempre que ele achar que o sejam; pois, aparentemente, os filósofos "em sua maior parte" sustentam, na realidade, que aquilo que o homem vulgar acredita ser o caso não o é *nunca* – "aquilo que, em sua opinião, percebemos di-

retamente é *sempre* um objeto de tipo diferente". O filósofo não vai, de fato, argumentar que as coisas estão erradas mais vezes do que supõe o irrefletido homem comum, mas que, de uma forma ou de outra, ele está errado o tempo todo. Portanto, é enganoso sugerir não somente que sempre haja espaço para dúvida, mas também que a discordância do filósofo com o homem vulgar seja apenas de grau; na verdade não se trata, absolutamente, desse tipo de discordância.

5. Considere-se, a seguir, o que aqui se diz sobre o engano dos sentidos. Admitimos, afirma-se, que "às vezes somos enganados pelos sentidos", ainda que, em geral, achemos ser possível "confiar" nas "percepções dos sentidos".

Em primeiro lugar, embora a frase "enganados pelos sentidos" seja metáfora corrente, não deixa de *ser* uma metáfora; e isto é digno de nota, pois, no que vem a seguir, a mesma metáfora é freqüentemente retomada e continuada pela expressão "verídico", e retomada muito a sério. Na verdade, nossos sentidos são mudos – ainda que Descartes e outros falem do "testemunho dos sentidos" –, os sentidos não nos *dizem* nada de verdadeiro, nem de falso. A situação fica ainda pior neste ponto, com a introdução não explicada de uma criação inteiramente nova, as "percepções dos sentidos". Essas entidades que, sem dúvida alguma, não figuram absolutamente na linguagem do homem comum, nem fazem parte de suas crenças, trazem consigo a implicação de que, sempre que "percebemos" alguma coisa, há uma entidade *intermediária* e *sempre* presente que nos *informa* sobre algo *além* dela mesma. A questão que se coloca, então, é a seguinte: podemos ou não confiar no que ela nos diz? Mas, evidentemente, apresentar a questão nesses termos significa, simplesmente, abrandar as supostas opiniões do homem comum tendo em vista o tratamento que se lhes vai dar em seguida, bem como preparar o caminho ao praticamente atribuir a *ele* o chamado ponto de vista dos filósofos.

A seguir, é importante lembrar que falar de engano só *faz sentido* a partir de um fundo generalizado de não-engano. (Não se pode enganar a todos o tempo todo.) Deve ser possível reconhecer um caso de engano comparando o caso atípico com os mais normais. Se digo: "O marcador de combustível às vezes nos engana", compreendem-me assim: embora o marcador às vezes esteja de acordo com o que está no tanque, outras vezes assim não acontece – às vezes indica dois galões, e o tanque está quase vazio. Mas suponhamos que eu diga: "A bola de cristal às vezes nos engana." Trata-se de uma afirmação intrigante, pois, na verdade, não fazemos a menor idéia do que poderia ser o caso "normal" – *não* ser enganado pela bola de cristal.

Além disso, os casos em que o homem comum pode afirmar ter sido "enganado pelos sentidos" não são, de forma alguma, comuns. Ele não falaria de "engano dos sentidos" ao deparar com casos normais de perspectiva, imagens especulares ou imagens oníricas; de fato, quando sonha, olha para o fim de uma estrada longa e retilínea, ou para o seu rosto no espelho, não é, ou raramente é, *enganado*. Vale a pena lembrar-se disto, tendo em vista outra forte *suggestio falsi*, a saber – quando o filósofo cita como casos de "ilusão" todos esses, e muitos outros fenômenos muito comuns, está ou mencionando casos que o homem comum já admite como casos de "engano pelos sentidos", ou apenas ampliando um pouco o que ele admitiria de bom grado. E isso está bem longe de ser o que na verdade acontece.

E mesmo assim – mesmo que o homem comum não aceite nada como *tantos* casos de "engano pelos sentidos", como parecem fazer os filósofos – seria decerto completamente errado sugerir que ele considera todos os casos que *aceita* como sendo exatamente do mesmo tipo. Na verdade, a batalha já estará meio perdida se tal sugestão for aceita. Às vezes, o homem comum preferiria dizer que os seus sentidos são enganados em vez de dizer que foi enganado pelos sentidos – a rapidez da mão engana os olhos, etc. Mas há, realmente, um grande número de casos nos quais, ao menos no que diz respeito a seus limites, não há como afirmar com certeza (e seria tipicamente acadêmico tentar decidir) quais são os casos em que se poderia, ou não, aplicar naturalmente a metáfora "enganado pelos sentidos". É evidente, porém, que até o mais simples dos homens desejaria distinguir: (*a*) os casos em que o *órgão sensório* está desarranjado ou em estado de anormalidade, ou, de um modo ou de outro, sem condições de funcionar normalmente, (*b*) os casos em que o agente intermediário (*medium*) – ou, em termos mais gerais, as condições da percepção – é de algum modo anormal, ou inconveniente, e (*c*) os casos em que se faz uma inferência errada ou uma interpretação errada das coisas, digamos, por exemplo, quando se faz uma interpretação equivocada de um som que se ouve. (É claro que esses casos não são mutuamente excludentes.) E há, também, os casos muito comuns de erros de leitura, audição errônea, lapsos freudianos, etc., que parecem não caber em nenhuma dessas categorias. Ou seja, para repetirmos mais uma vez: não há uma dicotomia nítida e simples entre coisas que vão bem e coisas que vão mal; como sabemos muito bem, as coisas podem ir mal de muitas maneiras *diferentes* – as quais não precisam ser, e não há por que achar que o devam, classificáveis de um modo geral.

Finalmente, para repetir aqui um ponto já por nós mencionado, é evidente que o homem comum *não* supõe que todos os casos em que é "enganado pelos sentidos" sejam semelhantes, no sentido específico de que, nesses casos, não "percebe coisas materiais", ou *está* percebendo algo não real ou não material. Olhar o diagrama de Müller-Lyer (em que, de duas linhas com o mesmo comprimento, uma parece ser mais comprida que a outra), ou olhar para uma aldeia distante num dia muito claro, do outro lado de um vale, é coisa muito diferente de ver um fantasma ou, durante uma crise de *delirium tremens*, ver ratos cor-de-rosa. E, quando o homem comum vê no palco a Mulher sem Cabeça, o que vê (e isto é o que vê, quer ele o saiba, quer não) não é algo "irreal" ou "imaterial", mas apenas uma mulher contra um fundo preto e a cabeça dentro de um saco preto. Se o truque for bem executado, não percebe bem o que vê (pois deliberadamente lhe dificultam isso), ou, se se quiser, não vê o *que* lá está; dizer isto, porém, está muito longe de concluir que ele vê algo *diverso*.

Concluindo, então, não há absolutamente razão alguma para se endossar as sugestões de que aquilo que o homem vulgar acredita perceber a maior parte do tempo constitua um *tipo* de coisas (isto é, "objetos materiais"), ou que se diga que reconhece qualquer outro *tipo* de casos nos quais é "enganado"[4]. Vejamos, agora, o que é que se diz sobre os filósofos.

---

4. Não nego que os casos em que as coisas dão errado não possam ser agrupados sob uma denominação única. Em si, uma denominação única pode ser bastante inocente, desde que o seu uso não implique que (*a*) os casos são todos semelhantes, ou (*b*) são todos semelhantes sob certos aspectos. O que importa é que os fatos não sejam prejulgados e (portanto) negligenciados.

Afirma-se que os filósofos "não estão, em sua maior parte, dispostos a admitir que alguma vez percebamos diretamente objetos como canetas ou cigarros". Ora, é evidente que o que nos deixa aqui insatisfeitos é a palavra "diretamente" – que já desfrutou de grande prestígio entre os filósofos, mas que é, atualmente, uma das mais traiçoeiras da selva lingüística. Temos aqui, de fato, o caso típico de uma palavra que já possui um uso muito especial, uma palavra cujo sentido foi aos poucos ampliado, sem cuidado, definição ou limite, até transformar-se primeiro, talvez, em algo de obscuramente metafórico, e, por fim, tornar-se totalmente desprovida de sentido. Não se abusa impunemente da linguagem comum[5].

1. Em primeiro lugar, é fundamental compreender que, aqui, a prerrogativa fica com a noção de perceber *in*diretamente – "diretamente" vai buscar o seu sentido (seja lá qual for) no contraste com o seu oposto[6]: enquanto o próprio "indiretamente" (*a*) tem uso apenas em casos especiais, e também (*b*) possui usos *diferentes* em casos diferentes –, embora isto, evidentemente, não queira dizer que não existam bons motivos para usarmos a mesma palavra. Podemos, por exemplo, contrastar a pessoa que viu o desfile diretamente com aquela que o viu *através de um periscópio*; ou podemos contrastar o local de onde

5. Especialmente se abusamos sem disso ter consciência. Considerem-se as dificuldades causadas pela extensão inconsciente da palavra "sinal", a ponto de se dizer que, quando o queijo está sob nossos narizes, nós vemos *sinais* de queijo.

6. Comparem-se, a esse respeito, as palavras "real", "adequado", "livre", e muitas outras. "É real" – o que é que você diria, exatamente, que não é real? "Gostaria que tivéssemos um tapete de escada adequado" – o que é que o deixa insatisfeito com relação àquele que já tem? O fato de ser inadequado? "Ele está livre?" Ora, como é que você acha que ele deveria estar? Na prisão? Encarcerado? Ou simplesmente já preso a um compromisso?

se pode ver a porta diretamente com aquele outro, de onde ela só pode ser vista *no espelho*. *Talvez* se possa contrastar o fato de ver uma pessoa diretamente com o fato de ver, digamos, sua sombra na persiana; e talvez seja possível contrastar o fato de ouvir música diretamente com o ouvi-la a partir do exterior da sala de concertos. Contudo, estes dois últimos exemplos sugerem dois pontos adicionais.

2. O primeiro desses pontos é que a noção de não perceber "diretamente" parece achar-se mais à vontade em situações em que, como no caso do periscópio e do espelho, mantém ligação com a idéia de um desvio *direcional*. Parece que é o caso de não estarmos olhando *diretamente* para o objeto em questão. Por este motivo, ver a sombra da pessoa na persiana é um caso duvidoso, e ver alguém através de binóculos ou óculos não pode ser considerado, de modo algum, um exemplo de ver alguém *indiretamente*. Para casos como estes, dispomos de contrastes distintos e expressões diferentes – "a olho nu" em oposição a "pelo telescópio", "a vista desarmada" em oposição a "de óculos". (Na verdade, essas expressões estão muito mais solidamente estabelecidas no uso corrente do que "dirctamcntc".)

3. O outro ponto é que, em parte sem dúvida pelas razões acima apresentadas, a noção de percepção indireta não está à vontade a não ser com o sentido da visão. No caso dos outros sentidos não existe nada de análogo à "linha de visão". O sentido mais natural da expressão "ouvir indiretamente" é o de algo nos ser dito por um intermediário – o que é coisa completamente diferente. Mas será que eu ouço um grito indiretamente ao ouvir-lhe o eco? Quando toco em uma pessoa com uma vara de barco, toco-a indiretamente? Ou, se alguém me oferece um

porco dentro de um saco, será que eu poderia sentir o porco indiretamente – *através* do saco? E não faço a menor idéia do que seja cheirar indiretamente. Só por esta razão parece existir algo de muito errado na pergunta "Percebemos ou não as coisas diretamente?", pois nela, evidentemente, está implícito que o perceber se aplica a *qualquer* dos sentidos.

4. Mas, também por outras razões, é extremamente duvidoso saber até que ponto poderia ou deveria ser estendida a noção de perceber indiretamente. Abrange, ou deveria abranger, o telefone, por exemplo? E a televisão? E o radar? Será que, nesses casos, nos afastamos demais da metáfora original? Seja como for, satisfazem o que parece ser uma condição necessária, isto é: a existência simultânea e a variação concomitante, como as que existem entre o que se percebe abertamente (os ruídos no receptor telefônico e os *blips* na tela do radar) e os candidatos àquilo que talvez estivéssemos dispostos a descrever como "percebido indiretamente". E essa condição exclui claramente, enquanto casos de percepção indireta, o fato de ver fotografias (que, estaticamente, registram cenas do passado) e filmes (que, apesar de não estáticos, não são vistos no mesmo instante em que os eventos são registrados). *Existe*, por certo, uma linha divisória a ser traçada em algum tempo. É certo, por exemplo, que não falaremos de percepção indireta em *todos* os casos em que vemos algo de que se pode inferir a existência (ou a ocorrência) de outra coisa; diríamos que vemos os canhões indiretamente se, a distância, o que vemos são apenas os seus clarões.

5. De modo muito diverso, se estivermos seriamente inclinados a falar de algo como sendo percebido indiretamente, teremos de fazê-lo com relação a um tipo de coisa que (pelo menos às vezes) mal percebemos, ou podía-

mos perceber, ou que – como no caso da parte de trás de nossa cabeça – outros pudessem perceber. Pois, de outro modo, não diríamos que percebemos a coisa *por inteiro*, mesmo indiretamente. Não há dúvida de que surgem complicações a esse respeito (talvez em decorrência do microscópio eletrônico, por exemplo, sobre o qual pouco ou nada sei). Mas que, em geral, gostaríamos de estabelecer uma distinção entre ver indiretamente, por exemplo num espelho, aquilo que podemos mal *ter visto*, e ver, numa câmara úmida de Wilson, por exemplo, sinais (ou efeitos) de algo que, em si, não é absolutamente perceptível. Para dizer o mínimo, neste último caso não seria natural falar de percepção indireta.

6. Um último ponto. Por razões não de todo obscuras, na prática preferimos sempre aquilo que se pode chamar de expressão "valor à vista" à metáfora do "indireto". Se eu afirmar que vejo navios inimigos indiretamente, minha afirmação simplesmente colocará uma dúvida quanto ao que quero dizer exatamente. "Quero dizer que posso ver os *blips* na tela do radar" – "Pois então, por que não falou assim?" (Compare-se: "Posso ver um pato *irreal*." "Mas que diabo é isso?" "Trata-se de um pato de chamariz." "Ah, bom, mas por quc já não disse logo?") Quer dizer, raramente existe (se é que existe) alguma razão especial para se dizer "indiretamente" (ou "irreal"); essas palavras se aplicam a um número por demais grande de casos diferentes para que possam ser exatamente aquilo que se procura em qualquer caso específico.

Assim, fica bastante claro que o uso dado pelos filósofos a "perceber diretamente", seja ele qual for, não é nem o comum, nem o convencional, pois, na esfera *desse* uso, não só é falso, como simplesmente absurdo, que objetos como canetas ou cigarros nunca sejam percebidos diretamente. Mas não nos é dada nenhuma explicação ou definição desse novo uso[7] – pelo contrário, ele nos é apresentado com a tranqüilidade de quem nos imaginasse plenamente familiarizados com ele. Também fica evidente que o uso dos filósofos, seja ele qual for, choca-se com diversos cânones acima mencionados – não parecem ser consideradas quaisquer restrições que levem em conta circunstâncias especiais, ou alguns dos sentidos em particular, e, além disso, parece que o que se diz que percebemos indiretamente *nunca* é – não é o tipo de coisa que *jamais* poderia ser – percebido diretamente.

Tudo isso confere agudeza à pergunta que o próprio Ayer formula algumas linhas abaixo do trecho que até aqui comentamos: "Por que não podemos dizer que temos consciência direta das coisas materiais?" A resposta, diz ele, é fornecida "por aquilo que se conhece como argumento da ilusão". E é isso o que vamos examinar a seguir. É bem possível que a resposta nos ajude a compreender a pergunta.

7. Um pouco tarde, às pp. 60-1, Ayer se dá conta disso.

III

A finalidade básica do argumento da ilusão é induzir as pessoas a aceitar os "dados dos sentidos" como sendo a resposta apropriada e exata à questão de saber o que elas percebem em certas ocasiões *anormais* e *excepcionais;* mas, na verdade, esse argumento costuma ser seguido por outro, que tem por finalidade estabelecer que elas *sempre* percebem os dados dos sentidos. Pois muito bem: que argumento é esse?

Na exposição de Ayer[1], o argumento é como segue. "Baseia-se no fato de que as coisas materiais podem apresentar aparências diferentes a diferentes observadores, ou ao mesmo observador em diferentes condições, e que a natureza destas aparências é, até certo ponto, casualmente determinada pelo estado das condições e do observador." Para ilustrar o fato alegado, Ayer recorre a inúmeros exemplos: a perspectiva ("uma moeda que parece circular de um ponto de vista, pode parecer elíptica de outro"); a

1. Ayer, op. cit., pp. 3-5.

refração ("um bastão que normalmente parece reto tem aparência curva quando visto dentro da água"); modificações na visão das cores, produzidas por drogas ("tais como a mescalina"); imagens no espelho; dupla visão; alucinações; variações aparentes de gosto; variações na temperatura sentida ("conforme a mão que está sentindo esteja, ela própria, quente ou fria"); variações de experiência de volume ("uma moeda parece maior quando é colocada na língua do que quando a temos na palma da mão"); e o caso muito citado de que "as pessoas que tiveram membros amputados ainda continuam sentindo dor no membro em questão".

Ayer então seleciona três destes exemplos para uma abordagem mais detalhada. Primeiro, a refração – o bastão que normalmente "parece reto", mas "dá a impressão de ser curvo" ao ser visto dentro da água. Em seguida, estabeleceu dois "pressupostos": (*a*) o de que o bastão *não altera realmente o seu formato* ao ser colocado na água, e (*b*) o de que ele *não pode ser* ao mesmo tempo reto e torto[2]. Conclui, então ("segue-se"), que "pelo menos uma das *aparências visuais* do bastão é *ilusória*". Não obstante, mesmo quando "o que vemos não é a *qualidade real* de uma *coisa material*, supõe-se que ainda estamos vendo alguma coisa" – e essa alguma coisa deve ser chamada de "dado dos sentidos". Um dado dos sentidos deve ser "o objeto do qual somos *diretamente* conscientes, na percepção, se não for *parte* de uma *coisa material*". (O itálico é meu daqui em diante, neste e nos dois próximos parágrafos.)

2. Não é apenas estranho, mas também importante, que Ayer os chame de "pressupostos". Mais tarde, vai tomar a sério a idéia de negar pelo menos um deles, o que não precisaria ter feito se os tivesse reconhecido como os fatos simples e incontestáveis que realmente são.

A seguir, as miragens. Uma pessoa que vê uma miragem, diz Ayer, "não percebe nenhuma coisa material, pois o oásis que pensa perceber *não existe*". Mas "a sua *experiência* não é uma experiência de nada"; assim, diz-se que apreende dados dos sentidos que são semelhantes, por sua natureza, àquilo que estaria apreendendo se estivesse vendo um oásis de verdade, mas que são enganosos no sentido de que *a coisa material que parecem apresentar* não está *realmente lá*.

E, por último, as imagens refletidas. Quando me olho num espelho, meu corpo *parece estar* a uma certa distância atrás do vidro, ainda que, na verdade, não possa estar em dois lugares ao mesmo tempo. Assim, pois, neste caso as minhas percepções "não podem ser todas *verídicas*". Mas eu vejo *alguma coisa*, e, se "realmente não existe uma coisa material como o meu corpo no lugar em que aparenta estar, o que é que estou vendo?". Resposta: um dado dos sentidos. Ayer acrescenta que "é possível chegar à mesma conclusão tomando-se qualquer um dos meus outros exemplos".

Desejo agora chamar a atenção, antes de mais nada, para o nome desse argumento – "argumento da *ilusão*" – e para o fato de ser apresentado como se estabelecesse a conclusão de que pelo menos algumas de nossas "percepções" são *enganosas*, pois há nessa conclusão duas claras implicações – (*a*) a de que todos os casos citados no argumento são casos de *ilusões*, e (*b*) a de que *ilusão* e *delusão* são a mesma coisa. É evidente, porém, que essas duas implicações são totalmente errôneas, e é de grande importância chamar a atenção para isso, pois, como veremos, o argumento tira partido de uma confusão exatamente nesse ponto.

O que seriam, então, casos genuínos de ilusão? (O fato é que é difícil ver, em qualquer dos exemplos de Ayer, um caso de ilusão, a não ser que forcemos as coisas.) Para começar, existem casos muito claros de ilusão *ótica* – por exemplo, o que mencionamos anteriormente, no qual, de duas linhas de igual comprimento, uma parece mais comprida que a outra. E há, ainda, as ilusões produzidas pelos "ilusionistas" profissionais, os prestidigitadores – por exemplo, a Mulher sem Cabeça no palco, apresentada a fim de parecer que não tem cabeça, ou o boneco do ventríloquo, que dá a impressão de falar. Bastante diferente, e (em geral) não produzido intencionalmente, é o caso das rodas que giram com grande rapidez numa direção, e podem dar a impressão de girar muito lentamente na direção oposta. As delusões, por sua vez, são coisa muito diferente. Casos típicos são os delírios persecutórios e as manias de grandeza. Trata-se, basicamente, de crenças (e, portanto, talvez também de comportamento) em profundo estado de desequilíbrio, que provavelmente nada têm a ver com a percepção[3]. Mas penso que também se pode dizer que o paciente que vê ratos cor-de-rosa sofre de delusões – principalmente, sem dúvida, se, como costuma ser o caso, não tem consciência nítida de que os ratos rosados não são reais[4].

Aqui, as diferenças mais importantes são que a expressão "uma ilusão" (num contexto perceptivo) não sugere que uma coisa totalmente irreal seja *produzida por um passe de mágica* – pelo contrário, o que ali está é a disposição de linhas e setas na página, a mulher no palco com a cabeça num saco preto, as rodas giratórias; ao passo que o termo "delusão" *realmente* sugere algo de total-

3. O mesmo se aplica, sem dúvida, a *alguns* usos da "ilusão"; há ilusões que, como se costuma dizer, as pessoas deixam de lado com o advento da idade e da sabedoria.

4. Veja-se o coelho branco na peça *Harvey*.

mente irreal, que ali não está de modo algum. (As convicções da pessoa que tem delírios persecutórios podem ser *completamente* desprovidas de fundamento.) Por esse motivo é que as delusões são um caso muito mais grave – algo está realmente mal, e, o que é pior, mal quanto à pessoa que as tem. Mas, quando tenho uma ilusão ótica, por mais perfeita que seja, nada há de errado comigo pessoalmente, a ilusão não é uma pequena (ou grande) peculiaridade ou idiossincrasia de minha parte; é completamente pública, todos a podem ver, e, em muitos casos, podem estabelecer-se procedimentos clássicos para produzi-la. Além disso, se não queremos nos deixar levar pela ilusão, devemos estar de *sobreaviso*; de nada adianta, porém, dizer ao que sofre de delusões que esteja de sobreaviso. O que ele precisa é ser curado.

Por que será que temos a tendência – se é que de fato a temos – a confundir ilusões com delusões? Bem, pelo menos em parte, sem dúvida os termos costumam ser usados de modo vago. Mas há também outro motivo – o de que as pessoas, sem que o digam de modo explícito, podem ter pontos de vista ou teorias diferentes sobre os fatos relativos a alguns casos. Tomemos, por exemplo, o caso da visão de um fantasma. Não se sabe bem, nem se consegue chegar a um consenso sobre o que *é* ver fantasmas. Para alguns, trata-se de algo talvez produzido pelos mecanismos do sistema nervoso perturbado da vítima; assim, de seu ponto de vista, ver fantasmas é um caso de delusão. Mas, para outras pessoas, a idéia de ver um fantasma deve-se ao fato de deixar-se levar por sombras, talvez, ou imagens refletidas, ou, ainda, por um jogo de luzes – ou seja, para elas o fato de ver fantasmas é um caso de ilusão. Desta forma, o ver fantasmas pode vir a ser rotulado ora como "delusão", ora como "ilusão"; e talvez passe despercebido o fato de não ser indiferente usar um ou outro termo. Associadas ao modo de conceber a natureza das miragens, parece haver diferentes doutrinas com semelhanças entre si. Alguns parecem tomar a miragem como uma visão criada pelo cérebro enlouquecido do viajante sedento e exausto (delusão), enquanto, em outros relatos, a miragem é um caso de refração atmosférica mediante a qual algo que se encontra abaixo do horizonte passa a aparecer acima dele (ilusão). (É preciso lembrar que Ayer toma o partido da delusão, ainda que o cite, junto com outros exemplos, como um caso de ilusão. Não diz que o oásis parece estar onde não está, mas afirma, categoricamente, que "não existe".)

O modo como o "argumento da ilusão" explora a falta de distinção entre ilusões e delusões é, segundo penso, esse. Enquanto se sugere que os casos para os quais nos chamam a atenção são casos de *ilusão*, existe a implicação (derivada do uso comum da palavra) de que ali existe, realmente, algo que nós percebemos. Mas então, quando esses casos começam, tranqüilamente, a ser chamados de enganosos, insinua-se a sugestão muito diversa de algo sendo produzido magicamente, algo irreal ou, de qualquer forma, "imaterial". Tomadas em conjunto, essas duas implicações podem, então, insinuar sutilmente que, nos casos citados, existe realmente alguma coisa que percebemos, mas que essa coisa é uma coisa. E essa insinuação, mesmo se não conclusiva por si própria, é sem dúvida bem calculada para nos aproximar um pouco mais da posição em que o teórico dos dados sentidos nos deseja ver.

Não nos alonguemos mais então – embora muito houvesse ainda por dizer – sobre as diferenças entre ilusões e delusões, e sobre as razões para não torná-las obscuras. Vejamos agora, brevemente, alguns dos outros casos que Ayer arrola. As reflexões, por exemplo. Não há dúvida de que se *podem* provocar ilusões com espelhos convenientemente dispostos. Mas qualquer caso em que se veja algo num espelho será uma ilusão, como Ayer dá a entender? É evidente que não. Pois, afinal, ver coisas num espelho é um fato perfeitamente *normal* e comum, e em geral não se cogita de alguém ser enganado nessas circunstâncias. No caso de uma criança ou de um selvagem que nunca se defrontaram com um espelho, pode-se ficar assustado e, até mesmo, visivelmente perturbado. Mas será isso suficiente para que se possa falar de ilusão? E o mesmo acontece com o fenômeno da perspectiva – é possível fazer truques com a perspectiva, mas, nos casos correntes, não há como falar em ilusão. Que uma moeda redonda possa ter uma "aparência elíptica" (em um sentido) quando vista a partir de certos ângulos é exatamente o que esperamos, e aquilo com que normalmente deparamos. E, na verdade, ficaríamos seriamente desconcertados se alguma vez descobríssemos não ser esse o caso. E, uma vez mais, a refração – o bastão que tem aparência curva quando dentro da água – é um caso por demais conhecido para que possamos chamá-lo de caso de ilusão. Talvez estejamos dispostos a admitir que o bastão tem aparência curva; mas então podemos ver que está parcialmente submerso na água, de modo que sua aparência é exatamente a que esperaríamos que tivesse.

É importante, aqui, dar-se conta de como a familiaridade, por assim dizer, embota a ilusão. O cinema é um caso de ilusão? Bem, é perfeitamente possível que o primeiro homem a assistir às imagens animadas tenha se sentido inclinado a afirmar que se tratava de um caso de ilusão. Mas, na verdade, é muito improvável que esse homem, ainda que momentaneamente, tenha sido enganado, e hoje o cinema é de tal forma parte integrante das nossas vidas que nunca nos ocorre levantar essa questão. Pode-se perguntar se fazer uma fotografia significa produzir uma ilusão – o que seria, manifestamente, uma pergunta pouco inteligente.

Em toda esta discussão acerca de ilusões e delusões, não devemos passar por cima dos muitos casos, mais ou menos insólitos e ainda não mencionados, que não são nem uma coisa nem outra. Suponhamos que um revisor de provas cometa um erro – que deixe passar "casual" onde deveria estar impresso "causal"; estamos diante de um caso de delusão ou de ilusão? É evidente que não se trata nem de uma coisa nem de outra. O revisor de provas simplesmente *leu errado*. Ainda que não se trate de um fato particularmente comum, nem de apenas um caso normal de visão, ver imagens consecutivas também não significa ver ilusões ou ter delusões. E o que dizer dos sonhos? O sonhador vê ilusões? Tem delusões? Nem uma coisa nem outra; sonhos são *sonhos*.

Vejamos, brevemente, o que Price tem a nos dizer sobre as ilusões. Ao afirmar "o que o termo 'ilusão' significa", ele fornece[5] a seguinte "definição provisória": "um dado dos sentidos ilusório da visão ou do tato é um dado dos sentidos tal que tendemos a tomá-lo como parte da superfície de um objeto material; se assim fizermos, porém, estaremos incorrendo em erro". Não fica claro, sem dúvida, o significado desta afirmação; mesmo assim, parece bastante claro que a definição não se ajusta a todos os casos de ilusão. Consideremos uma vez mais o exemplo das duas linhas. Existe, neste caso, algo que tenhamos a tendência a tomar erroneamente como parte da superfície

5. *Perception*, p. 27.

de um objeto material? Não parece que seja assim. Vemos duas linhas, não achamos ou tendemos a achar que vemos algo diferente. Nem mesmo colocamos a questão de saber se algo é ou não "parte da superfície" de – de que, afinal? das linhas? da página? A dificuldade consiste, exatamente, em que uma linha parece ser mais comprida que a outra, embora não o seja. E, sem dúvida, nem no caso da Mulher sem Cabeça se trata de algo fazer ou não parte da superfície de seu corpo; o problema está em que ela aparenta não ter cabeça.

É certamente digno de nota que, mesmo antes de começar a considerar o "argumento da ilusão", Price já incorporou à "definição" a idéia de que, em tais casos, existe nas coisas familiares algo *a mais* para se ver – e isso faz parte daquilo que o argumento é normalmente usado para *provar*, e que em geral se acha que realmente prova. Contudo, tal idéia não nos serve para nada quando se tenta explicar o que "ilusão" *significa*. Essa idéia volta a aparecer, inadequadamente segundo penso, na análise que Price faz da perspectiva (que ele, a propósito, também cita como uma espécie de ilusão) – "uma encosta ao longe, cheia de protuberâncias e ligeiras ondulações, parecerá lisa e vertical... isto significa que o dado dos sentidos, a extensão colorida que vemos, é na verdade lisa e vertical". Mas por que deveríamos aceitar esta explicação dos fatos? Por que deveríamos dizer que existe *alguma coisa* que vemos *ser* lisa e vertical, ainda que não "parte da superfície" de um objeto material? Assim é assimilar tais casos a casos de delusão, onde *existe* alguma que não é "parte de uma coisa material". Ora, já demonstramos que tal assimilação é indesejável.

Examinemos, agora, a explicação que o próprio Ayer dá de pelo menos alguns casos que cita. (Para sermos justos, devemos lembrar que Ayer tem reservas pessoais bastante substanciais acerca dos méritos e da eficácia do argumento da ilusão, de modo que não é fácil determinar até que ponto ele pretende que levemos a sério a sua exposição; trata-se de um ponto ao qual teremos de voltar.)

Primeiro, então, o caso bastante conhecido do bastão dentro da água. Deste caso, diz Ayer: (*a*) que, uma vez que o bastão parece curvo, mas é reto, "pelo menos uma das aparências visuais do bastão é enganosa"; e (*b*) que "aquilo que vemos [de algum modo, diretamente] não é a qualidade real de [algumas linhas adiante, não parte de] uma coisa material". E agora: para começar, o bastão "parece curvo"? Penso que podemos concordar que sim, não temos uma maneira melhor de descrevê-lo. Mas, sem dúvida, ele *não* parece *exatamente* um bastão curvo, um bastão curvo fora da água – no máximo, pode-se dizer que tem a aparência de um bastão curvo parcialmente imerso *na* água. Afinal, não temos como deixar de ver a água em que o bastão está parcialmente imerso. Sendo assim, o que é que, neste caso, é exatamente *enganoso*? O que há de errado, o que há de surpreendente, por pouco que seja, na idéia de um bastão ser reto e, às vezes, ter a aparência de curvo? Alguém imagina que, pelo fato de uma coisa ser reta, ela deva, com toda certeza, *parecer* reta o tempo todo e em todas as circunstâncias? É evidente que ninguém vai levar tal coisa a sério. E, então, que confusão é essa na qual se supõe que nos enredemos aqui, qual vem a ser a dificuldade? Pois, sem dúvida, é preciso sugerir que *existe* uma dificuldade – uma dificuldade que, além do mais, clama por uma solução bastante radical, a introdução dos dados dos sentidos. Mas qual é o problema que somos convidados a resolver deste modo?

Bem, dizem-nos, neste caso vemos *algo*; e o que é esse algo "se não é parte de uma coisa material?". Mas esta questão é realmente louca. A parte reta do bastão, o pedaço não debaixo da água, é supostamente parte de uma coisa material; não vemos isso? E quanto ao pedaço *debaixo* da água? Também podemos vê-lo. Por falar nisso, pode-se ver a própria água. De fato o que vemos é *um bastão parcialmente imerso na água*, e é particularmente extraordinário que isto deva ser posto em dúvida – que se coloque a questão do *que* estamos vendo – uma vez que se trata, simplesmente, da descrição da situação que tínhamos de início. Estávamos de acordo, então, em que olhávamos para um bastão, uma "coisa material", parte da qual se achava debaixo da água. Se, para tomarmos um caso bem diferente, uma igreja estivesse astuciosamente camuflada para parecer um celeiro, como é que se poderia colocar, a sério, a questão do que vemos ao olhar para ela? É evidente que vemos uma *igreja* que, agora, *tem aparência de um celeiro*. Nós *não* vemos um celeiro imaterial, uma igreja imaterial, nem o que quer que seja de imaterial. E, neste caso, o que poderia seriamente nos levar a dizer que o fazemos?

Observe-se, a propósito, que na descrição que Ayer nos dá do caso do bastão na água, supostamente anterior a qualquer conclusão filosófica, já se insinuou, sem ser anunciada, a importante expressão "aparências visuais" – acaba-se, de fato, por sugerir que *tudo* o que temos, quando vemos, é uma aparência visual (o que quer que isto seja).

Consideremos, a seguir, o caso de minha imagem refletida num espelho. O meu corpo, diz Ayer, "parece estar a alguma distância atrás do espelho"; mas, como está diante, não pode realmente achar-se atrás. O que vejo, então? Um dado dos sentidos. O que pensar disto? Bem, novamente, embora não haja objeção a que se diga que o meu corpo "parece estar a alguma distância atrás do espelho", ao dizê-lo devemos ter em mente o tipo de situação com que estamos lidando. O meu corpo não "parece estar" ali a fim de me tentar (ainda que pudesse tentar uma criança ou um selvagem) a ir procurá-lo no lado de trás do espelho e ficar espantado com o malogro do ato. (Dizer que A está *em* B nem sempre significa que, se abrirmos B, encontraremos A, do mesmo modo que afirmar que A está sobre B nem sempre significa que se possa apanhá-lo – considerem-se as frases "vi meu rosto no espelho", "tenho uma dor no dedo do pé", "ouvi-o no rádio", "vi a imagem na tela", etc. Ver alguma coisa num espelho não é como ver um bolo numa vitrine.) Mas segue-se daí, dado que meu corpo realmente não está atrás do espelho, que eu não esteja vendo uma coisa material? É evidente que não. Em primeiro lugar, posso ver o espelho (de algum modo, quase sempre posso). Posso ver o meu próprio corpo "indiretamente", ou seja, no espelho. Posso também ver o reflexo do meu próprio corpo, ou, como diriam alguns, uma imagem especular. E uma imagem especular (se escolhermos esta resposta) não é um "dado dos sentidos"; pode ser fotografada, vista por qualquer número de pessoas, e assim por diante. (Evidentemente, não se cogita aqui nem de ilusão, nem de delusão.) E, se insistirmos em saber o que *está* atrás do espelho, digamos a uma distância de um metro e meio, a resposta será: não se trata de um dado dos sentidos, mas de uma região contígua da sala.

O caso da miragem – pelo menos se assumirmos o ponto de vista de Ayer, segundo o qual o oásis que o viajante pensa ver "não existe" – presta-se melhor ao tratamento que lhe é reservado. Pois aqui supomos que a pessoa está verdadeiramente enganada, que *não* está "vendo uma coisa material"[6]. Na verdade, nem mesmo neste caso diremos que a pessoa está "apreendendo dados dos sentidos", pois ainda que, como Ayer diz acima, "seja conveniente dar um nome" ao que ela está apreendendo, o fato é que já tem nome – *miragem*. Mais uma vez, devemos ter a prudência de não aceitar depressa demais a afirmação de que o que se apreende é "*similar em natureza* ao que a pessoa experienciaria caso estivesse vendo um oásis verdadeiro". Alguém porventura acredita que um caso seja mesmo semelhante ao outro? E, antecipando o que vem a seguir, se admitíssemos este ponto acabaríamos por vê-lo usado contra nós numa fase posterior – em que seríamos convidados a concordar com a afirmação de que sempre vemos dados dos sentidos, até mesmo nos casos normais.

6. Nem mesmo "indiretamente" tal coisa é "apresentada". E não parece que isso torna o caso bem menos útil para o filósofo, apesar de mais fácil de tratar? Fica difícil ver como se poderia afirmar a existência de uma *grande semelhança* entre este caso e os casos normais.

IV

No momento oportuno, teremos de examinar a "avaliação" que Ayer faz do argumento da ilusão, o que, em sua opinião, esse argumento prova, e por que o faz. Por ora, gostaria de voltar a atenção para outra característica da sua exposição do argumento – característica que parece, de fato, ser comum às exposições da maior parte dos filósofos. No decorrer da apresentação dos casos que servem de base ao argumento, Ayer usa com muita liberdade as expressões "parecer", "ter aparência de" (*look*), "parecer", "afigurar se" (*appear*), "parecer", "dar a impressão de" (*seem*) – aparentemente como o faz a maioria dos outros filósofos, sem atribuir grande importância à questão de saber qual expressão é usada onde; na verdade deixa implícito, devido à rapidez de seu vôo filosófico, que tais expressões podem ser usadas de modo intercambiável, que não há muito a escolher entre elas. Mas não é assim; na verdade, as expressões em questão têm usos *inteiramente* diferentes, e o uso de uma ou outra implica uma *grande* diferença. Nem sempre é verdade – pois há casos, como veremos, em que usar uma ou outra dá praticamente no mesmo, e contextos em que as expressões têm um uso mais ou menos intercambiável. Mas, devido à existência de tais casos, seria um erro concluir que não existe *nenhuma* diferença específica no uso das palavras; essa diferença existe, e há um grande número de contextos e construções que o demonstram[1]. A única coisa a fazer, para evitar as assimilações fora de propósito, é examinar um grande número de exemplos de usos dessas expressões até que, no fim, percebamos por inteiro as suas diferenças*.

Comecemos, então, por *look*. Temos aqui, pelo menos, os seguintes tipos de casos e construções:

1. (*a*) Isto parece azul (redondo, anguloso, etc.).
   (*b*) Ele parece um gentleman (um vagabundo, um esportista, um inglês típico).
   Ela parece *chic* (um espantalho, uma peça de museu).

1. (*a*) It looks blue (round, angular, &c.).
   (*b*) He looks a gentleman (a tramp, a sport, a typical Englishman).
   She looks *chic* (a fright, a regular frump).

Temos aqui o verbo seguido diretamente por um adjetivo ou oração adjetiva.

---

1. Comparem-se as expressões "direito" (*right*), "deveria" (*ought*), "dever" (*duty*), "obrigação" (*obligation*). Aqui, também, existem contextos em que *qualquer* destas palavras poderia ser usada, mas com grandes e importantes diferenças nos usos de cada uma. E, também aqui, essas diferenças foram geralmente negligenciadas pelos filósofos.

* Notar-se-á que os campos semânticos destes verbos perceptivos são diferentes em português. Por isso, uma tradução que busque fidelidade à *nossa* linguagem corrente torna-se problemática. O leitor pode constatar essa relatividade consultando os exemplos do original inglês, mantidos nesta edição.

2. (*a*) Isto (uma cor) tem a mesma aparência do azul.
   Isto é semelhante a uma planta.
   (*b*) Ele tem a aparência de um gentleman (de um marinheiro, de um cavalo).

2. (*a*) It [a colour] looks like blue [the colour].
   It looks like a recorder.
   (*b*) He looks like a gentleman (a sailor, a horse).

Aqui, temos "ter a mesma aparência", "ter um ar de", "assemelhar-se a" (*look like*) – cf. *sound like* ("parecer" pelo som, pelo tom) – seguido por um substantivo.

3. (*a*) Parece que $\left\{\begin{matrix}\text{está}\\ \text{esteve}\end{matrix}\right\}$ chovendo
   (parece vazio, oco).

   (*b*) Ele tem uma aparência de 60 anos (de quem vai desmaiar).

3. (*a*) It looks as if $\left\{\begin{matrix}\text{it is}\\ \text{it were}\end{matrix}\right\}$ raining (empty, hollow).

   (*b*) He looks as if $\left\{\begin{matrix}\text{he is}\\ \text{he were}\end{matrix}\right\}$ 60 (going to faint).

4. (*a*) Parece que não conseguiremos entrar.
   (*b*) Ele parece preocupado com alguma coisa.

4. (*a*) It looks as though we shan't be able to get in.
   (*b*) He looks as though he's worried about something.

Tentemos agora com *appear*:

1. (*a*) Parece azul (de cabeça para baixo, alongado, etc.).
   (*b*) Ele tem a aparência de um gentleman.

1. (*a*) It appears blue (upside down, elongated, &c.).
   (*b*) He appears a gentleman.

2. (*a*) Isto tem a mesma aparência do azul.
   (*b*) Ele se assemelha a um gentleman.

2. (*a*) It appears like blue.
   (*b*) He appears like a gentleman.

(É muito duvidoso, todavia, que esta construção com *appear* seja realmente defensável; a mim, pelo menos, não soa bem.)

3 (e 4). (*a*) Parece que...
(*b*) Ele parece que...

3 (and 4). (*a*) It appears as if (as though)...
(*b*) He appears as if (as though)...

5. (*a*) Parece que se dilata.
   Parece ser uma falsificação.
   (*b*) Ele parece gostar dela (ter recuperado o ânimo).
   Parece tratar-se de um egípcio.

5. (*a*) It appears to expand.
   It appears to be a forgery.
   (*b*) He appears to like her (to have recovered his temper).
   He appears to be an Egyptian.

6. (*a*) Assemelha-se a um ponto negro no horizonte.
   (*b*) Parece tratar-se de um homem de bom caráter (isto é, a partir desta narrativa. Podemos também dizer que um ator "apareceu como Napoleão").

6. (*a*) It appears as a dark speck on the horizon.
   (*b*) He appears as a man of good character (*sc.* from this narrative. We can also say of an actor that he "appeared as Napoleon").

7. Parece que todos foram comidos.

7. It appears that they've all been eaten.

Observe-se, em especial, que temos aqui construções (5-7, por exemplo) que não ocorrem com *look*[2]. Sob muitos aspectos, constituem os casos mais importantes a serem considerados.

Com relação a "parecer", que compartilha das construções de "parecer", "afigurar-se" (*appear*) – ainda que com menos dúvidas sobre o fato de (2) configurar um uso inadequado ("Parece ser como nos velhos tempos", "tudo isto se assemelha a um pesadelo") –, exceto que *seem* não tem nenhuma construção análoga a (6), o que constitui uma divergência importante.

Como é que poderemos dar conta das diferenças entre essas diferentes palavras nessas diferentes construções? Uma diferença, com certeza, salta aos olhos: *look*

2. Talvez algumas delas ocorram na linguagem coloquial. Bem, se assim for, nada a objetar. Mas a linguagem coloquial é muitas vezes negligente, e sabemos – pelo menos alguns de nós – quando é que isso acontece. É evidente que deixamos de saber quando não conhecemos bem a língua, ou quando somos, de algum modo, insensíveis a essas questões.

("parecer", "ter aparência de") restringe-se, *grosso modo,* à esfera geral da visão, enquanto o uso de *appear* ("parecer", "afigurar-se") ou *seem* ("parecer", "dar a impressão de") *não* exige a utilização de nenhum dos sentidos em particular, nem nela implica[3]. Há também algumas palavras análogas a "ter aparência de", a saber, "soa como", "cheira a", "sabe a", "dá a impressão de", cada uma das quais faz, para o seu sentido específico, o que *look* faz para o sentido da visão.

Contudo, é evidente que devemos procurar diferenças mais sutis; e aqui devemos, mais uma vez, examinar outros exemplos, perguntando-nos exatamente em que circunstâncias usaríamos uma determinada palavra, e por que o faríamos.

Considere-se, então:

(1) Tem ar de culpado (He looks guilty).
(2) Tem aparência de culpado (He appears guilty).
(3) Parece ser culpado (He seems guilty).

No primeiro caso comentamos o *aspecto* da pessoa em questão – dizemos que ele tem o aspecto de um homem culpado[4]. O segundo, em minha opinião, seria tipicamente usado com referência a certas *circunstâncias especiais*:

3. Sem dúvida, usamos *look* com muita freqüência em casos em que não queremos, simples e literalmente, dizer "parece à vista", o que é bastante natural, tendo em vista que ampliamos a utilização de "ver" (*see*) exatamente da mesma maneira.

4. Repare-se na diferença entre "não gostar do aspecto dele" e "não gostar de sua aparência"; e repare-se que podemos ter vontade de "manter as aparências" por diversas razões, *uma* das quais pode precisamente ser "a impressão provocada pela coisa", ou seja, o seu "aspecto".

"Concordo plenamente que, quando ele tergiversa nas perguntas minuciosas acerca do destino que deu ao dinheiro, tem aparência de culpado, mas, na maior parte do tempo, a sua conduta [não apenas o 'seu aspecto'] é a própria inocência." E o terceiro, bastante claramente, faz uma referência implícita a determinada *matéria probatória* que diz respeito a saber se ele *é* culpado, mas não a ponto de resolver a questão de modo conclusivo – "com base nas provas até agora ouvidas, ele certamente parece culpado".

Considere-se também: (1) "A colina tem aspecto íngreme" – tem o aspecto de uma colina de inclinação abrupta; (2) "A colina parece íngreme" – quando a vemos daqui de baixo; (3) "A colina parece ser íngreme" – a julgar pelo fato de termos mudado de marcha duas vezes. E também

(1) "Ela tem aspecto *chic*" – expressão bastante direta;
(2) "Ela parece (ser) *chic*" – por estas fotografias, pelo que me disseram sobre ela, etc.;
(3) "Tem aparência de (ser) *chic*" – (há, de fato, algo bem duvidoso quanto a esta locução, mas *talvez* ela *tenha aparência de chic* em meios provincianos, pouco sofisticados).

Mesmo sem entrar em grandes detalhes, fica bastante claro que as idéias básicas por trás dos usos de *look, appear* e *seem* não são as mesmas; e, com muita freqüência, onde se usa uma palavra não cabe usar outra. Um homem que parece culpado pode muito bem não *ter aspecto* de culpado. Contudo, é bastante fácil verificar que em contextos apropriados esses usos podem aproximar-se muito entre si: por exemplo, o fato de alguém ter aspecto doentio pode *ser* a indicação a partir da qual se pode também afirmar que ele parece estar doente; e, ainda, nosso comentário sobre o aspecto de alguma coisa pode *ser* um comentário sobre o modo como ela aparece em determinadas circunstâncias. Mas, naturalmente, não será esse o caso quando o aspecto exterior de alguma coisa for totalmente inadequado enquanto prova (seria tolo dizer que as jóias dela parecem ser genuínas apenas porque é esse o seu aspecto), *nem* quando o aspecto de alguma coisa for inteiramente conclusivo (o que mais ela deve fazer para *ser chic* além de ter um *aspecto chic*?); *ou* quando, neste particular, o fato de uma coisa realmente possuir tais e tais atributos não estiver em questão ("Ele se parece com o pai" – mas ninguém diz que ele parece *ser* o pai). E há, também, certos casos especiais nos quais o modo como algo se apresenta à vista (ao tato, etc.) constitui tudo o que se pode saber sobre a natureza do caso, ou tudo aquilo em que normalmente estamos interessados; em geral, não nos damos ao trabalho de distinguir entre "O sol dá uma sensação de calor" e "O sol está quente", "O céu está azul" e "O céu parece azul".

O fato de dizermos "parece ser" quando, em geral, temos apenas um testemunho não conclusivo implica que "parece ser" seja compatível com "pode ser" e "pode não ser": "Ele pode ser culpado; certamente parece culpado", "Ele certamente parece culpado, mas pode não ser". "Parece ser" *pode* também ocorrer em conjunção com "é" ou "não é"; em geral, porém, vai-se constatar que isso implica um desvio na prova implicitamente referida. Se eu dissesse: "Ele certamente parece culpado, mas não o é", não estaria querendo dizer que é com base na *mesma prova* que o faz parecer culpado que se diz que não (é culpado), mas sim que, enquanto ele parece culpado com base nas provas apresentadas *até agora* (ou nas que são publicamente disponíveis), existem (ou tenho) *outras* provas que demonstram sua inocência. É claro que eu *poderia* afirmar ou negar a culpabilidade a despeito das provas existentes, mas isso não é (e nem poderia ser) o normal.

A construção "assemelhar-se" (*seem like*) exige, porém, um tratamento especial. Sua função parece ser a de comunicar a *impressão geral* causada por algo; e, embora às vezes fique próxima de "parecer (ser)"

(*seem to be*) ({"Assemelhava-se a
"Parecia ser} uma investigação séria"), em geral isso não acontece. Quer dizer, a impressão geral *pode* ser tomada como indício, mas muitas vezes não o será. "Os três dias seguintes assemelharam-se a um longo pesadelo" não significa que, de fato, pareceram *ser*, que eu tenha estado propenso a pensar que *fossem* um verdadeiro pesadelo. Se é que a frase significa alguma coisa, quando muito vai querer dizer que esses dias *foram* semelhantes a um pesadelo – em tal contexto não há muito a escolher entre "parece ser" e "é".

Não existe, é claro, uma resposta *geral* para a questão de como "ter o aspecto de" ou "parecer-se com" está relacionado com "é"; depende da totalidade das circunstâncias em cada caso. Se digo que a gasolina assemelha-se à água, estou simplesmente comentando o aspecto visual da gasolina; não estou tentado a pensar, nem deixando implícito que talvez a gasolina *seja* água. O mesmo se aplica a "Uma flauta de ponta soa como uma flauta comum". Mas "Isto se parece com água" ("Soa como uma flauta") é coisa diferente; se eu já não souber o que "isto" é, *posso* estar tomando o fato de que se parece com água como uma razão para achar que *é* água. Mas pode ser que não o faça. Ao dizer "Soa como uma flauta", tudo o que estou *dizendo* é que o som possui determinada natureza; pode ser, ou não, o caso, e a coisa pode, ou não, ser compreendida e tomada como indício do que é o instrumento, daquilo que produz o som. A maneira como deve ser compreendido e tomado o que se diz vai depender de outros fatos adicionais relativos à ocasião do enunciado; em si, as palavras nada implicam, em nenhum dos dois sentidos.

Existem diferenças de outro tipo nas maneiras de entender e compreender "parecer-se com".

Vamos assistir, da parte mais alta da geral, a uma partida de futebol em que um dos times é japonês. Um dos times entra em campo correndo. Posso dizer:

(1) "Parecem(-se) (com) formigas", ou
(2) "Parecem(-se) (com) europeus".

É óbvio que, com (1), *não* quero dizer nem que estou inclinado a pensar que algumas formigas entraram em campo, nem que os jogadores, uma vez observados, parecem exatamente semelhantes, ou se assemelham bastante, a formigas. (Posso saber perfeitamente bem, ou ser capaz de verificar, que eles não têm a extraordinária "cintura de vespa".) Quero, sim, dizer que pessoas vistas deste lugar distante do campo mais parecem formigas vistas a distância em que normalmente as vemos, digamos, a uma distância de mais ou menos dois metros. Com (2), entretanto, *posso* querer dizer que o time que ora vai ocupando o seu lugar no campo é composto de europeus, ou pelo menos que, a julgar por seu aspecto, imagino que assim seja; ou posso querer dizer que (embora saiba que este é o time japonês) os jogadores, talvez para surpresa minha, parecem semelhantes a europeus, lembram europeus ao se olhar para eles. Compare-se "A lua não parece maior que uma moeda de seis *pence*" – não tem aspecto de não *ser* maior que uma moeda de seis *pence*, ou de assemelhar-se ao que uma moeda de seis *pence* pareceria se estivesse tão distante quanto a lua; tem, mais ou menos, o aspecto que teria uma moeda de seis *pence* quando olhada por nós à distância de um braço estendido.

Algumas dessas complicações são imputáveis (ou, pelo menos, também nela encontráveis) à própria palavra *like* ("semelhante"), e não especialmente a *look like* ("ter um aspecto semelhante a", "parecer-se com"). Considere-se "Aquela nuvem é semelhante a um cavalo" e "Aquele animal é semelhante a um cavalo". No caso da nuvem, mesmo que tivéssemos dito que era *exatamente* como um cavalo, não teríamos tido a intenção de dizer que uma pessoa poderia facilmente tomá-la por um cavalo, ceder à tentação de montá-la, etc. Mas, se se diz que um *animal* é como um cavalo, é possível que, em algumas circunstâncias, ele seja erroneamente tomado por um cavalo, alguém pode pensar em tentar montá-lo, etc.[5] Portanto, aqui também não basta simplesmente examinar as palavras em si; aquilo que se quer exatamente dizer e o que se pode inferir (no caso de haver essa possibilidade) só pode decidir-se através do exame de todas as circunstâncias em que as palavras são usadas. Já mencionamos o fato segundo o qual, ao dizermos que o bastão parcialmente imerso na água "parece curvo", é preciso ter em mente o tipo de situação com que estamos lidando; certamente não se pode

5. Note-se que, contrariamente ao que algumas teorias filosóficas parecem implicar, a noção de *ser* isso ou aquilo deve ser anterior à de ser *como* isso ou aquilo. "O animal pode perfeitamente ser chamado de porco, pois na verdade come como um porco" – observação?

assumir que, ao usarmos a expressão nessa situação, queremos dizer que o bastão se parece exatamente com um bastão curvo, ou que poderia ser erroneamente tomado por ele. E podemos acrescentar, aqui, que as descrições de sonhos, por exemplo, não podem de modo algum ser tomadas como se tivessem a mesma força e as implicações que as mesmas palavras teriam quando usadas na descrição de experiências correntes em estado de vigília. De fato, é exatamente por sabermos que os sonhos são *totalmente diferentes* das experiências da vigília que nos é permitido usar expressões correntes para narrá-los; a peculiaridade do contexto onírico é suficientemente conhecida para que ninguém se deixe enganar pelo fato de que falamos em termos correntes.

Dois pontos, para terminar. Primeiro, vale a pena enfatizar, tendo em vista o que tantos filósofos disseram, que as descrições de aparências não são nem "incorrigíveis", nem "subjetivas". Sem dúvida, é bastante improvável que cometamos erros com palavras tão familiares como "vermelho" (mas o que dizer dos casos marginais?). Certamente, alguém pode dizer "Isto tem o aspecto de heliotrópio", e então ter dúvidas quanto a saber se "heliotrópio" é o termo exato para a cor da coisa, *ou* (vendo de outro modo) se esta coisa realmente tem o aspecto visual do heliotrópio. Certamente não existe nada, *em princípio*, que seja definitivo, conclusivo e irrefutável sobre a afirmação de alguém de que tal ou tal coisa tem esse ou aquele aspecto. E, mesmo se eu disser "... parece ... *me agora*", posso, quando instado, ou depois de olhar com mais atenção, querer retirar a minha afirmação, ou pelo menos retificá-la. Excluir outras pessoas e outras ocasiões não exclui por completo a incerteza, ou *cada* possibilidade de se ser desafiado, ou mesmo que se prove que estamos errados. Talvez seja ainda mais claro que o modo de as coisas parecerem constitui, simplesmente, um fato acerca do mundo, tão aberto à confirmação pública, ou à dúvida, quanto o modo de ser das coisas. Não estou revelando um fato sobre *mim mesmo*, mas sobre a gasolina, quando digo que essa substância tem um aspecto visual semelhante à água.

Por último, uma observação sobre "parecer". É significativo que se possa preceder um juízo ou a expressão de uma opinião com as frases "A julgar pelo seu aspecto...", ou "Tendo em vista as aparências...", mas que não se possa dizer "A julgar pelo parecimento..." – pois tal substantivo não existe. Por que não? Não será porque os "aspectos" e as "aparências nos fornecem *fatos* sobre os quais pode basear-se um juízo, enquanto o falar sobre o modo como as coisas parecem ser *já* implica expressar um juízo? Temos aqui, na verdade, um indício extremamente emblemático da função especial e peculiar do verbo "parecer".

V

Desejo, agora, retomar o argumento filosófico do modo como ele se apresenta nos textos que estamos discutindo. Como já mencionei anteriormente, o argumento da ilusão pretende basicamente persuadir-nos de que, em certas situações excepcionais e anormais, o que percebemos – de modo direto – é um dado dos sentidos; mas, então, apresenta-se uma segunda etapa, na qual somos levados a concordar que aquilo que percebemos (diretamente) é *sempre* um dado dos sentidos, mesmo nos casos normais, não excepcionais. É essa segunda etapa do argumento que temos agora de examinar.

Vejamos de que modo Ayer expõe o argumento[1]. Diz que "não existe, intrinsecamente, nenhuma diferença de gênero entre as percepções que são verídicas em sua apresentação das coisas materiais e as que são enganosas. Quando olho para um bastão reto, que se refrata na água e, desse modo, parece ser torto, minha experiência é qualitativamente igual à que teria se estivesse olhando para um

1. Ayer, op. cit., pp. 5-9.

bastão que fosse realmente torto...". Se, contudo, "quando as nossas percepções são enganosas, estivéssemos sempre percebendo algo diferente do que percebemos quando são verídicas, devíamos esperar que nossa experiência fosse qualitativamente diferente nos dois casos. Dever-se-ia esperar que fôssemos capazes de informar, a partir da natureza intrínseca de uma percepção, se se trata de uma percepção de dado dos sentidos ou de uma coisa material. Mas isso não é possível...". A exposição deste ponto por Price[2], à qual Ayer nos reporta, não é, de fato, completamente análoga, pois, de algum modo, Price já chegou à conclusão de que estamos sempre conscientes de dados dos sentidos, e aqui está tentando apenas estabelecer que não se podem distinguir dados dos sentidos *normais*, enquanto "partes das superfícies de coisas materiais", de dados dos sentidos *anormais*, que "não fazem parte das superfícies de coisas materiais". Todavia, o argumento usado é quase o mesmo: "o dado dos sentidos anormal (torto) de um bastão (reto) mergulhado na água é qualitativamente indiscernível do dado dos sentidos de um bastão torto"; mas "não é incrível que duas entidades tão similares em todas essas qualidades devam ser tão completamente diferentes: que uma deva ser um constituinte real de um objeto material inteiramente independente da mente e do organismo do observador, enquanto a outra não passa do fugaz produto dos seus processos cerebrais?".

Além disso, tanto Ayer como Price argumentam que, "mesmo no caso de percepções verídicas, não estamos diretamente conscientes de coisas materiais" [ou *apud* Price, que os nossos dados dos sentidos não são partes das superfícies de coisas materiais] pela razão de que "as percepções verídicas e as enganosas podem formar uma sé-

2. *Perception*, p. 31.

rie contínua. Assim, se eu me aproximar aos poucos de um objeto a certa distância, posso começar por ter uma série de percepções que são enganosas no sentido de que o objeto parece ser menor do que é na realidade. Suponhamos que essa série termine por uma percepção verídica[3]. Isso vai implicar que a diferença qualitativa entre esta percepção e sua predecessora imediata será da mesma ordem que a diferença entre duas percepções enganosas quaisquer, que sejam contíguas na série...". Mas "essas diferenças são de grau e não de tipo. No entanto, argumenta-se, não é o que se deveria esperar se a percepção verídica fosse uma percepção de um objeto de tipo diferente, de uma coisa material em oposição a um dado dos sentidos. Mas o fato de que as percepções verídicas e enganosas se confundem gradualmente, como indicam esses exemplos, não vem mostrar que os objetos percebidos em cada caso são genericamente os mesmos? E disto seguir-se-ia, caso se admitisse que as percepções enganosas eram percepções de dados dos sentidos, que aquilo que apreendíamos diretamente era sempre um dado dos sentidos, e nunca uma coisa material". Nas palavras de Price, "parece realmente extraordinário que devesse existir uma diferença de natureza total onde apenas existe uma diferença qualitativa infinitesimal".[4]

O que havemos de fazer, então, do argumento que assim nos é apresentado?

---

3. Mas, podemos perguntar, essa hipótese equivale a quê? A partir de que distância um objeto, digamos uma bola de críquete, "parece do tamanho que realmente é"? Dois metros? Seis metros?

4. Deixo de considerar outro argumento citado tanto por Price quanto por Ayer, que opera com a "dependência causal" de nossas "percepções" no que diz respeito às condições de observação e aos nossos próprios "estados fisiológicos e psicológicos".

1. Para começar, salta aos olhos que os termos em que o argumento é enunciado por Ayer são grosseiramente tendenciosos. Price, como o leitor estará lembrado, não apresenta o argumento como prova de que estamos sempre conscientes dos dados dos sentidos; em seu ponto de vista, essa questão já foi resolvida, e ele acha que, aqui, apenas se defronta com a questão de saber se os dados dos sentidos são "partes das superfícies de objetos materiais". Mas, na exposição de Ayer, o argumento *é* apresentado como base para a conclusão de que aquilo de que estamos (diretamente) conscientes na percepção é sempre um dado dos sentidos; e, se for esse o caso, o fato de sua conclusão ser praticamente assumida desde a primeira frase da exposição do próprio argumento parece constituir um defeito bastante grave. Na referida frase Ayer usa, não pela primeira vez, o termo "percepções" (que, a propósito, nunca é definido ou explicado), e aceita como verdadeiro, aqui e por toda parte, que existe algum tipo de entidade de que temos consciência em absolutamente todos os casos – a saber, as "percepções", sejam elas enganosas ou verídicas. Mas é evidente que, se já fomos induzidos a engolir a idéia de que todo caso, seja ele "enganoso" ou "verídico", nos fornece "percepções", seria muito fácil nos deixar convencer do excesso de escrúpulos em que incorreríamos ao não absorvermos, também, os dados dos sentidos com a mesma abrangência. Mas, na verdade, nem nos foi dito o que *são* as "percepções", e o pressuposto de sua ubiqüidade foi introduzido sem explicações ou argumentos de nenhuma espécie. No entanto, se aqueles a quem o argumento é ostensivamente dirigido não estivessem dispostos a admitir o ponto fundamental desde o início, será que a exposição do argumento iria em frente tão à vontade assim?

2. É evidente que gostaríamos também de protestar contra a suposição aparentemente branda de uma dicotomia simples entre "experiências verídicas e enganosas". Como já vimos, não existe absolutamente *nada* que justifique nem o agrupamento desordenado das chamadas experiências "enganosas", nem o das chamadas "verídicas". Mas, repetindo – será que o argumento poderia seguir em frente tão suavemente sem esta suposição? Sem dúvida – o que seria ainda melhor – a formulação exigiria um desenvolvimento mais longo.

3. Vejamos, agora, o que se afirma no argumento. Começa, como estarão lembrados, por um suposto enunciado de fato – a saber, que "não existe, intrinsecamente, nenhuma diferença de gênero entre as nossas percepções que são verídicas em sua apresentação das coisas materiais e as que são enganosas" (Ayer), que "não existe diferença qualitativa entre os dados dos sentidos normais enquanto tais e os dados dos sentidos anormais enquanto tais" (Price). Agora, pondo de lado tanto quanto possível as inúmeras obscuridades e objeções suscitadas por este modo de falar, passemos a perguntar se o que aqui se alega é verdadeiro. Será verdade que "as experiências enganosas e as verídicas" não são "qualitativamente diferentes"? Bem, parece no mínimo extraordinário dizer isso de modo tão radical. Vejamos alguns exemplos. Posso ter a experiência (provavelmente rotulada de "enganosa") de sonhar que estou sendo apresentado ao papa. Poder-se-ia levar a sério que o fato de ter este sonho é "qualitativamente indiscernível" de *realmente ser* apresentado ao papa? É evidente que não. Afinal, dispomos da frase "da mesma qualidade irreal do sonho"; dir-se-á que algumas experiências do estado de vigília possuem essa qualidade, e alguns artistas e escritores às vezes tentam comunicá-la

através de suas obras, quase sempre com pouco sucesso. Certamente, porém, se o fato aqui alegado *fosse* um fato, a frase seria totalmente desprovida de sentido, porque aplicável a tudo. Se os sonhos não fossem "qualitativamente" diferentes das experiências da vigília, então *toda* experiência de vigília seria como um sonho; a "mesma qualidade irreal do sonho" passaria a ser não difícil de apreender, mas impossível de evitar[5]. É verdade, repitamos, que os sonhos são *narrados* nos mesmos termos das experiências da vigília: esses termos são, afinal, os melhores de que dispomos, mas seria um erro brutal concluir, daí, que aquilo que é narrado nos dois casos é *exatamente igual*. Golpeados na cabeça, dizemos às vezes que "vemos estrelas"; mas, mesmo assim, ver estrelas quando se recebe um golpe na cabeça *não* é "qualitativamente" indiscernível de ver estrelas no céu.

Além disso, não é verdade que ver uma imagem consecutiva verde brilhante contra o fundo de uma parede branca seja exatamente igual a ver uma mancha verde brilhante que se encontra, de fato, na parede; ou que ver uma parede branca através de lentes azuis seja exatamente como ver uma parede azul; ou que ver ratos cor-de-rosa em meio a uma crise de *delirium tremens* seja exatamente igual à visão real de ratos cor-de-rosa; ou (ainda outra vez) que ver um bastão refratado na água seja o mesmo que ver um bastão curvo. Em todos esses casos podemos *dizer* as mesmas coisas ("tem aspecto azul", "parece curvo", etc.), mas não existe razão nenhuma para se negar o fato óbvio de que as "experiências" são *diferentes*.

---

5. Isto é parte, sem dúvida *apenas* parte, do absurdo existente em brincar (como faz Descartes) com a noção de que toda a nossa experiência poderia ser um sonho.

4. A seguir, gostaríamos pelo menos de conhecer as credenciais de um curioso princípio geral que tanto Ayer quanto Price parecem defender[6], um princípio segundo o qual se duas coisas não são "genericamente as mesmas", isto é, as mesmas "em natureza", então não podem ser semelhantes, nem mesmo quase semelhantes. Se fosse verdade, diz Ayer, que de tempos a tempos nós percebêssemos coisas de dois tipos diferentes, então "deveríamos esperar" que fossem qualitativamente diferentes. Mas por que cargas d'água deveríamos? – particularmente se, como ele sugere, nunca realmente achássemos que tal coisa fosse verdadeira. Não é nem um pouco fácil discutir sensatamente essa questão, dado o absurdo inicial existente na hipótese de que percebemos apenas *dois* tipos de coisas. Mas, se, por exemplo, eu nunca tivesse visto um espelho, mas me dissessem (*a*) que em espelhos vêem-se as coisas refletidas, e (*b*) que os reflexos das coisas não são "genericamente o mesmo" que as coisas, há alguma razão pela qual eu deva imediatamente *esperar* que exista uma enorme diferença "qualitativa" entre ver coisas e ver os seus reflexos? É evidente que não; se eu fosse prudente, deveria simplesmente esperar para ver com que se parecem as coisas refletidas em espelhos. Se me disserem que um limão é genericamente diferente de um pedaço de sabão, será que devo "esperar" que nenhum pedaço de sabão possa jamais assemelhar-se a um limão? Por que deveria?

(Vale a pena notar que, neste ponto, Price socorre o argumento com um ousado golpe de retórica: como *poderiam* duas entidades ser "qualitativamente indiscerníveis", pergunta ele, se uma é um "componente real de um obje-

6. Na verdade, mais à frente Ayer expressa alguma indecisão a respeito: ver p. 12.

to material", e a outra "*um produto fugaz de seus processos mentais*"? Na verdade, se imagina que nos deixamos persuadir de que os dados dos sentidos são *sempre* produtos fugazes de processos mentais? Esta viva descrição é apropriada, por exemplo, para o reflexo de meu rosto num espelho?)

5. Outro princípio errôneo em que o argumento parece apoiar-se é o seguinte: *deve* acontecer que as "experiências enganosas e verídicas" não sejam (como tais) "qualitativamente" ou "intrinsecamente" discerníveis – pois, se o fossem, nunca seríamos "iludidos". Na verdade, porém, as coisas não são assim. Do fato de que às vezes sou "iludido", enganado e levado a não conseguir distinguir entre A e B não se segue, absolutamente, que A e B devam ser indiscerníveis. Se eu tivesse sido mais cuidadoso ou atento, talvez me tivesse dado conta da diferença; talvez seja porque não sirvo para distinguir coisas desse tipo (anos de produção vinícola, por exemplo); talvez, ainda, nunca tenha aprendido a estabelecer distinções entre elas, ou não tenha muita prática nisso. Como Ayer observa, talvez com acerto, "uma criança que não tivesse aprendido que a refração era um meio de distorção acreditaria naturalmente, ao ver o bastão, que este estava realmente torto. Mas como é possível que o fato de uma criança despreparada não discriminar entre *refratado* e *torto* pudesse confirmar a tese de que *não existe* diferença "qualitativa" entre os dois casos? O que pensaria um provador de chá profissional se eu lhe dissesse: "Não pode haver nenhuma diferença entre os sabores dessas duas qualidades de chá, uma vez que normalmente não consigo diferenciá-los"? E, de novo, quando "a rapidez da mão engana os olhos", não é que o que a mão realmente faz seja *exatamente igual* ao que somos levados a pensar que ela faz – ocorre, sim-

plesmente, que é *impossível dizer* o que a mão está realmente fazendo. Neste caso, pode ser verdade que não sejamos capazes de estabelecer a distinção, e não apenas que não distingamos, mas mesmo isto não significa que os dois casos sejam exatamente iguais.

Não quero, evidentemente, negar que possam existir casos nos quais "experiências ilusórias e verídicas" sejam, de fato, "qualitativamente indiscerníveis"; mas nego (*a*) que tais casos sejam tão *comuns* quanto Ayer e Price parecem supor, e (*b*) que tenham que existir casos que acomodem o fato indubitável de que às vezes somos "enganados pelos sentidos". Afinal, não somos seres quase infalíveis que só podem ser enganados quando for completamente impossível evitar o erro. Mas, mesmo que estejamos preparados para admitir que possam existir, ou existam, *alguns* casos nos quais as "percepções ilusórias e verídicas" sejam realmente indiscerníveis, será que o fato de admitirmos isto exigirá de nós que forcemos a introdução dos dados dos sentidos ou, simplesmente, que os admitamos? Não. Pois, mesmo admitindo a primeira hipótese (o que, até o momento, não achamos razão para fazer), segundo a qual nos casos "anormais" percebemos dados dos sentidos, não seríamos obrigados a estender essa hipótese também aos casos "normais". Por que cargas d'água *não* sucederia que, em alguns casos, perceber uma espécie de coisa seja exatamente igual a perceber uma outra?

6. Existe ainda uma dificuldade bastante geral na avaliação da força do argumento que nós (em comum com os autores dos textos) passamos por alto até aqui. Ayer convida-nos a considerar se as duas classes de "percepções", a verídica e a ilusória, são ou não "qualitativamente diferentes", "de tipos intrinsecamente diferentes"; mas como é que se espera que comecemos a considerar a questão

quando nem sequer nos foi dito o que *é* "uma percepção"? Em especial, quantas das circunstâncias de uma situação, entre as que costumam ser citadas, devem ser incluídas na "percepção"? Por exemplo, para voltar de novo ao bastão na água: um aspecto deste caso consiste em que parte do bastão se encontra debaixo da água, e que esta, evidentemente, não é invisível; a água, então, é parte da "percepção"? É difícil pensar em alguma razão para negar que assim seja, mas, *se* a água é parte da "percepção", trata-se sem dúvida de um aspecto perfeitamente claro em que essa "percepção" difere, e é discernível da "percepção" que temos quando olhamos para um bastão curvo que *não* está dentro da água. Existe, talvez, um sentido no qual a presença ou a ausência da água não constitui a *coisa principal* neste caso – supõe-se que estejamos nos referindo, basicamente, a questões acerca do bastão. Mas, de fato, como mostrou uma grande quantidade de investigações psicológicas, a discriminação entre uma coisa e outra depende, muito freqüentemente, de circunstâncias concomitantes mais ou menos estranhas à coisa principal, mesmo quando delas não temos consciência. Como afirmei, nada nos foi dito sobre o que seja "uma percepção"; mas poderia uma explicação defensável, caso nos fosse oferecida, excluir por completo todas as circunstâncias concomitantes altamente significativas? E, se *fossem* excluídas – de modo mais ou menos arbitrário –, que interesse ou importância teria ainda a tese de que as percepções "enganosas" e "verídicas" são indiscerníveis? Inevitavelmente, se se põem de lado os aspectos em que A e B diferem, pode-se esperar que se vai ficar com os aspectos em que são semelhantes.

Concluo, pois, que esta parte do argumento filosófico envolve (ainda que não essencialmente em cada caso) (*a*) a aceitação de uma dicotomia fictícia de todas as "percepções" em dois grupos, o das "enganadoras" e o das "verídicas" – para não falar da introdução não explicada das próprias "percepções; (*b*) um exagero implícito, mas grotesco, da *freqüência* das "percepções enganosas"; (*c*) um exagero ainda mais grotesco da *semelhança* entre "enganosas" e "verídicas"; (*d*) a sugestão errônea de que *deva* existir tal semelhança ou mesmo uma *identidade* qualitativa; (*e*) a aceitação da idéia completamente gratuita de que as coisas "genericamente diferentes" não podem ser qualitativamente semelhantes; e (*f*) – que é, realmente, um corolário de (*c*) e (*a*) – o desprezo gratuito dos aspectos mais ou menos subsidiários que em geral tornam possível a discriminação de situações que, em outros aspectos *substanciais*, podem ser mais ou menos semelhantes. Parece tratar-se de deficiências bastante sérias.

VI

O próprio Ayer não aceita, cegamente e sem reservas, o argumento da ilusão ou a parcela em apoio do argumento que acabamos de examinar. Os argumentos que apresentou, diz ele, precisam ser "avaliados", e é isso que empreende a seguir[1]. Devemos, pois, refletir sobre o que ele diz.

Bem, primeiro devemos lamentar que Ayer endosse, sem hesitar, uma boa parte daquilo que, no argumento, é extremamente questionável; na verdade, ele aceita todos os erros realmente graves nos quais o argumento se fundamenta. Por exemplo, não se sente nem um pouco à vontade com a suposta dicotomia entre "dados dos sentidos" e "coisas materiais" – está disposto a questionar o *tipo* de dicotomia em questão, mas não coloca em dúvida a sua *existência*; não reluta em aceitar a introdução não explicada dessas entidades supostamente onipresentes, as "percepções", nem a dicotomia ulterior que, de forma aparentemente impecável, as separa em dois grupos – as

1. Ayer, op. cit., pp. 11-9.

percepções "verídicas" e as "enganadoras". Também aceita, sem protestar, a alegação de que os membros destes dois grupos não são "qualitativamente discerníveis". Sua posição quanto aos méritos de nosso modo corrente de falar, não aperfeiçoado e pré-filosófico, é um tanto mais confusa; às pp. 8-10, parece estar dizendo que, se fizermos certas "suposições", que, sem dúvida (e para dizer o mínimo), todos nós fazemos, realmente *incorremos* em contradições, mas, à página 21, parece retratar-se – admite, nesse trecho, que não existe contradição em nossa prática corrente de tomar algumas "percepções" como "verídicas", e outras como "não verídicas". Mas, seja como for, Ayer está, em última análise, convencido de que uma "terminologia técnica de algum tipo" é "desejável".

Se, então, ele aceita tanto do que há de fundamental no argumento da ilusão, em que consistem, exatamente, as suas reservas? Bem, a mais importante delas – já bem conhecida a esta altura – é que o problema levantado *não é factual, mas lingüístico*. Na verdade, tem dúvidas sobre se o argumento realmente funciona, mesmo assumindo-se que diz respeito a uma questão de fato; não está convencido, de nenhum modo, de que o argumento possa demonstrar que, de fato, percebemos *sempre* dados dos sentidos, uma vez que não está claro para ele (e com bastante razão) por que é que "as percepções de objetos de tipos diferentes" *não* devem ser "qualitativamente indiscerníveis" ou "capazes de serem ordenadas em uma série contínua"[2]. Mais adiante, pergunta: "O argumento prova, até mesmo, que exista *algum* caso de percepção no qual uma tal crença [isto é, a de que os objetos que percebemos diretamente são coisas materiais] estaria errada?"

---

2. Omito, de novo, o argumento relativo à "dependência causal".

Parece bastante estranho, com efeito, sugerir que se precise de um argumento para provar que esta crença é errada; pois, na verdade, como alguém poderia supor que é verdade que aquilo que percebe é *sempre* uma coisa material? Penso, porém, que seja possível resolver essa falha. Ayer simplesmente caiu, aqui, em uma das armadilhas preparadas por sua própria terminologia, aceitando como verdadeira que a *única alternativa* a "perceber dados dos sentidos" seja "perceber coisas materiais"; assim, em vez do absurdo de parecer tomar a sério a idéia de que *sempre* percebemos coisas materiais, podemos plausivelmente imputar-lhe a intenção mais racional de levantar a questão de saber se *alguma vez* percebemos dados dos sentidos. "Nunca percebemos dados dos sentidos" e "sempre percebemos coisas materiais" não são, na verdade, equivalentes e intercambiáveis. Mas fica bem claro que Ayer *trata* as duas afirmações como intercambiáveis, e, assim, podemos com segurança assumir que a questão por ele levantada é: o argumento da ilusão realmente prova que, em qualquer situação, percebemos dados dos sentidos?

O argumento seguinte sobre este ponto não é nem um pouco fácil de acompanhar, mas parece desenrolar-se assim: (1) Temos que admitir – pelo menos Ayer parece fazê-lo – que às vezes percebemos "dados dos sentidos que não são parte de nenhuma coisa material" se, mas *somente* se, estivermos preparados para reconhecer que "algumas percepções são enganosas". (Evidente que tudo isto não serve ao caso, mas, por ora, deixemo-lo de lado.) Mas (2) *temos* que admitir que algumas percepções são enganosas? Argumenta-se que sim, pois, de outra forma, "teremos que atribuir às coisas materiais propriedades mutuamente incompatíveis, tal como o fato de ser, ao mesmo tempo, verde e amarelo, ou elíptico e redondo".

Mas (3) tais atribuições, diz Ayer, produzem contradições apenas se feitas "determinadas hipóteses" – por exemplo, a de que a "forma real" de um *penny* permanece a mesma quando mudo o meu ângulo de visão, que a temperatura da água numa bacia é "realmente a mesma" quando a sinto primeiro com uma mão quente, e depois com uma mão fria, ou que um oásis "não existe realmente" num determinado local se ninguém, a não ser um viandante alucinado no deserto, acreditar que está vendo um. Estas "hipóteses", Ayer provavelmente garantiria, parecem bastante plausíveis, mas, mesmo assim, por que não tentaríamos negá-las? Por que não diríamos que as coisas materiais são muito mais ágeis do que julgávamos – numa agitação constante, a cada instante mudando de formas, cores, temperaturas, tamanhos reais e tudo o mais? Por que não dizer que são muito mais numerosas do que se costuma pensar – que, por exemplo, quando lhe ofereço (aquilo que normalmente chamamos de) *um* cigarro, existem realmente *duas* coisas materiais (dois *cigarros*?), um que vejo e ofereço, *e* um que você vê e aceita, se for o caso? "Não tenho dúvida", diz Ayer, "de que, postulando um maior número de coisas materiais e considerando-as mais variáveis e evanescentes do que normalmente fazemos, seria possível lidar com todos os outros casos de modo semelhante."

Ora, neste ponto Ayer parece estar certo – na verdade, faz uma exposição atenuada da questão. Se nos permitirmos semelhante grau de *despreocupação*, sem dúvida não seremos capazes de lidar – *de certo modo*, é claro – com absolutamente nada. Contudo, não há algo de errado com uma solução nesta linha? Bem, aqui devo citar as palavras do próprio Ayer: "Como se poderá, então, refutar uma pessoa que sustenta esta posição? A resposta é que, enquanto insistirmos em considerar a questão como uma questão de fato, será impossível refutá-la. Não podemos fazê-lo, pois, no que diz respeito aos fatos, não existem realmente divergências entre nós... Onde dizemos que a forma real de uma moeda é permanente, a pessoa prefere afirmar que essa forma está realmente passando por algum processo cíclico de mudança. Onde dizemos que dois observadores estão vendo a mesma coisa material, ela prefere dizer que estão vendo coisas diferentes que, no entanto, possuem algumas propriedades estruturais em comum... Se se pretende, aqui, colocar alguma questão relativa à verdade ou falsidade, deve existir alguma divergência sobre a natureza dos fatos empíricos. E, neste caso, essa divergência não existe." Portanto, a questão para a qual o argumento busca fornecer uma resposta é puramente *lingüística*, e não uma questão de fato: diz respeito ao modo como falamos, nada tendo a ver com a natureza do caso. Com isto, Ayer conclui sua "avaliação" do argumento.

O principal comentário que desejo fazer sobre essas proposições bastante espantosas incide em particular sobre a idéia, ao que parece adiantada por Ayer, de que as palavras "real", "realmente", "forma real", "cor real", etc., podem perfeitamente ser usadas para significar *o que se quiser*. Primeiro, porém, gostaria de salientar o fato extremamente interessante de que a sua forma de "provar" que a questão toda é puramente verbal mostra, efetivamente (o que acho verdadeiro em qualquer caso), que Ayer não a considera realmente como tal – seu ponto de vista é que, *de fato*, percebemos somente dados dos sentidos. Isto salta aos olhos. À primeira vista, seríamos tentados a dizer que, se Ayer estivesse certo nesse ponto, então toda e qualquer discussão seria puramente verbal.

Pois, se uma pessoa diz qualquer coisa que seja, e uma outra pessoa pode simplesmente "preferir dizer" outra coisa, elas estarão *sempre* discutindo sobre palavras, sobre a terminologia que se prefere. Como é que *alguma coisa* pode ser colocada como questão de verdade ou falsidade se qualquer pessoa sempre pode dizer o que bem lhe aprouver? Mas aqui, evidentemente, Ayer responde que às vezes, pelo menos, *existe* uma real "divergência acerca da natureza dos fatos empíricos". Mas de que tipo de divergência se trataria? Não se trata, diz ele (por mais surpreendente que isto seja), de uma questão de fato o saber se um *penny*, ou qualquer outra "coisa material", muda ou não constantemente de forma, cor, tamanho, localização – neste caso, com efeito, *podemos* dizer o que nos vem à cabeça. Onde encontrar, então, os "fatos empíricos"? E a resposta de Ayer é perfeitamente clara – são *fatos sobre os dados dos sentidos*, ou, em outras palavras, "sobre a natureza das aparências sensíveis", "os fenômenos"; é aí que realmente encontramos "a evidência empírica". Não existe, na opinião de Ayer – na sua *verdadeira* opinião –, outros "fatos empíricos". O fato incontestável é que existem dados dos sentidos; essas entidades realmente existem, e são o que são; quaisquer outras entidades sobre as quais nos ocupássemos em *falar como se* existissem configurariam apenas uma questão de conveniência verbal, mas "os fatos aos quais se pretende que essas expressões remetam" serão sempre os mesmos, serão sempre fatos acerca dos dados dos sentidos.

Fica claro, sem grande surpresa talvez, que a aparente sofisticação da doutrina "lingüística" de Ayer apóia-se por inteiro na velha ontologia de Berkeley e Kant da "multiplicidade sensível". Ao que parece, desde o começo Ayer esteve totalmente convencido pelos próprios argumentos que busca "avaliar" com tanta isenção. E restam poucas dúvidas de que isso se deve, em grande parte, à aceitação indiscriminada do seu modo de exposição, tradicional, consagrado pelo tempo e desastroso[3].

É um fato curioso e, sob alguns aspectos, bastante melancólico, que as posições respectivas de Price e Ayer neste particular venham a ser exatamente as que mantinham ente si Locke e Berkeley, ou Hume e Kant. Na opinião de Locke, existem "idéias" e também "objetos externos"; para Hume, existem "impressões" e também "objetos externos"; segundo Price, existem "dados dos sentidos" e também "ocupantes físicos"; na doutrina de Berkeley, existem *somente* idéias; em Kant, somente *Vorstellungen* (as coisas-em-si não são estritamente relevantes aqui); e, na doutrina de Ayer, existem *somente* dados dos sentidos – mas Berkeley, Kant e Ayer admitem, além disso, que podemos *falar como se* existissem corpos, objetos, coisas materiais. Uma coisa é certa: Berkeley e Kant não são tão tolerantes quanto Ayer – não sugerem que, enquanto nos mantivermos alinhados com a multiplicidade sensível, podemos dizer o que bem nos aprouver; mas, se eu tivesse que tomar partido no que diz respeito a essa questão, é com eles que ficaria.

---

3. Ou ainda existiriam essas dúvidas? Também se poderia pensar do ponto de vista (sob alguns aspectos mais caridoso) segundo o qual o tratamento informal dispensado ao argumento da ilusão se deve ao fato de Ayer já estar convencido, *por outros motivos*, daquilo que o argumento procura provar. Desconfio que há muito de verdade nisto, e voltaremos a tratar do assunto.

VII

Mas agora, em grande parte motivado por ocorrências freqüentes e por críticas das palavras "real", "realmente", "forma real", etc., nos argumentos que consideramos até aqui, desejo examinar mais de perto essa pequena palavra, "real". Proponho-me, se quiserem, a discutir a Natureza da Realidade – um tema realmente importante, ainda que, em geral, não me agrade muito fazer tal reivindicação.

Em primeiro lugar, há duas coisas cujo entendimento é de enorme importância:

1. "Real" é uma palavra absolutamente *normal,* que nada tem de moderno, de técnico ou de altamente especializado. Acha-se firmemente estabelecida, e é freqüentemente empregada na linguagem corrente que usamos no dia-a-dia. *Neste sentido,* trata-se de uma palavra de significação estabelecida, não podendo, portanto (como acontece com qualquer palavra que tenha a mesma característica), ser usada ao sabor dos caprichos individuais. Em geral, os filósofos parecem pensar que podem "atribuir" qualquer significado a qualquer palavra; e não há dúvida de que, num sentido absolutamente trivial do ter-

mo, *podem* mesmo (como podia Humpty-Dumpty)*. Existem algumas expressões, "coisa material", por exemplo, que somente os filósofos usam, e em tais casos eles podem agir a seu modo sem comprometimento da razão; mas, *na verdade*, a maior parte das palavras já está sendo usada de modo específico, o que não se pode simplesmente ignorar. (Por exemplo, alguns significados atribuídos a "conhecer" e "certo" fizeram com que pareça abusivo o uso que realmente fazemos desses termos; mas o que isso mostra é que os significados atribuídos por alguns filósofos são *incorretos*.) Sem dúvida, o fato de termos descoberto como é que realmente se usa uma palavra não põe um ponto final no assunto; em geral, não existe razão para deixar as coisas exatamente como as encontramos; podemos querer arrumar um pouco a situação, rever o mapa aqui e ali, desenhar as fronteiras e as distinções de um modo bem diferente. Mas, mesmo assim, é aconselhável ter sempre em mente (*a*) que as distinções incorporadas ao nosso cabedal de palavras comuns – vasto e, em grande parte, relativamente antigo – não são nem poucas, nem sempre muito óbvias e, quase nunca, tão-somente arbitrárias; (*b*) que, seja como for, antes de introduzir qualquer alteração por nossa conta, precisamos descobrir com que estamos a lidar; e (*c*) que essa alteração das palavras, que se passa naquilo que vemos como um pequeno recesso do campo semântico, é sempre passível de repercussões imprevistas no território adjacente. A alteração não é, de fato, tão simples como se supõe, não se justifica nem é necessária com a freqüência que se lhe atribui, e em geral é vista como necessária exatamente porque aquilo de que

* "When I use a word, it means just what I choose it to mean – neither more nor less." Lewis Carroll, *Through the Looking Glass*, cap. VI. (N. do T.)

dispomos já se acha erroneamente representado. E, em particular, devemos sempre estar precavidos contra o hábito filosófico de rejeitar, como "não importantes", alguns (ou mesmo todos) usos correntes de uma palavra, hábito este que torna a deturpação quase inevitável. Assim, por exemplo, se formos falar acerca de "real", não devemos descartar, como desprezível, uma expressão humilde e familiar como "não é um verdadeiro creme"; isso pode nos poupar da necessidade de dizer, por exemplo, que o que não é um creme de verdade deve ser um produto efêmero de nossos processos cerebrais.

2. O outro ponto de enorme importância a ser apreendido é que "real" *não* é, de forma alguma, uma palavra normal, mas sim extremamente excepcional; é excepcional no sentido em que, ao contrário de "amarelo", "cavalo" ou "caminhada", não possui um *significado* único, especificável e sempre o mesmo. (Até Aristóteles via as coisas por este prisma.) *Tampouco* tem um grande número de significados diferentes – não é *ambígua*, nem mesmo *sistematicamente**. Ora, palavras desse tipo têm sido responsáveis por muita perplexidade. Considerem-se as expressões "bola de críquete", "pá de críquete", "pavilhão de críquete", "tempo favorável ao críquete". Alguém que não conhecesse críquete e estivesse obcecado com o uso de palavras "normais", como "amarelo", podia olhar fixamente para a bola, a pá, a edificação, a condição do tempo, e tentar detectar a "qualidade comum" que (assume ele) é atribuída a estas coisas pela presença do termo "críquete". Mas tal qualidade não é visível; e, assim, talvez a pessoa conclua que "críquete" deve designar uma quali-

---

* Alusão provável ao ensaio "Systematically Misleading Expressions" de G. Ryle (1932). (N. do T.)

dade *não natural* a ser detectada por *intuição*, e não por via habitual. Se esta história parece por demais absurda, lembremo-nos do que os filósofos disseram da palavra "bom", e pensemos que muitos dentre eles, ao não conseguirem detectar uma qualidade comum a patos reais, creme real e progresso real, decidiram que a Realidade deve ser um conceito *a priori*, apreendido unicamente pela razão.

Vamos começar, pois, por um exame preliminar e, sem dúvida, bastante aleatório de algumas das complexidades do uso do termo "real". Considere-se, por exemplo, um caso que à primeira vista pareceria bastante simples – o caso de "cor real". O que é que se entende por cor "real" de uma coisa? Com alguma segurança, podemos dizer que a resposta é bastante fácil: a cor *real* de uma coisa é a cor que ela apresenta a um observador normal em condições de iluminação normal ou padronizada; e, para descobrir qual é a cor real de uma coisa, precisamos apenas ser normais e observá-la nessas condições.

Suponhamos, porém, (*a*) que eu faça a seguinte observação sobre uma terceira pessoa: "Essa não é a cor real de seus cabelos." Será que com isso eu quis dizer que, se você a observasse em condições normais de iluminação, descobriria que o cabelo dela não apresentava essa cor ao observador? Claro que não – as condições de iluminação podem já ser normais. O que quero dizer, evidentemente, é que o cabelo dela foi *tingido*, e que a questão da iluminação não vem ao caso agora. Suponhamos, agora, que você esteja olhando para um novelo de lã numa loja, e eu diga: "Essa não é a sua cor real." Neste caso, *posso* estar querendo dizer que não apresentará essa cor quando visto à luz do dia; mas *posso* querer dizer que a lã não tem essa cor antes de ser tingida. Como freqüentemente ocorre, não se pode saber o que quero dizer somente a partir das palavras que uso; faz diferença, por exemplo, saber se a coisa em discussão é ou não do tipo das que são *normalmente* tingidas.

Suponhamos (*b*) que exista uma espécie de peixe de aspecto vivamente multicolorido, que talvez se torne ligeiramente brilhante a uma profundidade de três mil metros. Pergunto a você qual é a cor real do peixe. Você pesca um e o coloca bem à vista no convés, assegurando-se de que a condição da luz é praticamente normal, e descobre que o peixe tem uma coloração turva de branco-cinza. E, então, é *essa* a sua cor real? De qualquer modo, está claro que não temos que dizer que o seja. Na verdade, será que existe uma resposta adequada num caso destes?

Compare-se: "Qual é o sabor real da sacarina?" Dissolvemos uma pastilha numa xícara de chá e descobrimos que faz o chá ficar doce; experimentamos uma pastilha, e descobrimos que tem gosto amargo. A sacarina é *realmente* amarga ou *realmente* doce?

(*c*) Qual é a cor real do céu? Do Sol? Da Lua? De um camaleão? Dizemos que, no crepúsculo, o Sol às vezes apresenta uma cor vermelha – mas qual é, *realmente*, a sua cor? (Quais são as "condições normais de iluminação" para o Sol?)

(*d*) Considere-se, digamos, uma tela pontilhista representando um prado; se o efeito geral é o verde, a pintura pode ser constituída predominantemente por manchas azuis e amarelas. Qual a cor real do quadro?

(*e*) Qual é a cor real duma imagem consecutiva? Neste caso, a dificuldade consiste em não fazermos idéia do que possa ser uma alternativa à sua "cor real". Sua cor aparente, a cor que ela apresenta, a cor que ela parece ter? Essas frases, porém, não têm aqui aplicação alguma. (Você pode perguntar-me: "Qual é a cor que isto realmente tem?", caso suspeite que menti ao informá-lo sobre a cor. Mas "Qual é a cor que isto realmente tem?" não é exatamente o mesmo que "Qual é a sua cor real?".)

Consideremos agora, por um instante, "forma real". Como o leitor estará lembrado, esta noção surgiu, aparentemente sem suscitar problemas, quando estávamos considerando a moeda da qual se dizia "ter aspecto elíptico" a partir de certos pontos de vista; tinha uma forma real, insistimos, que permanecia constante. Na verdade, porém, moedas são casos bastante especiais. Pois, por um lado, os seus contornos são bem definidos e extremamente estáveis, e, por outro, possuem uma forma *conhecida* e *nomeável*. Mas existem muitas outras coisas das quais não se pode dizer o mesmo. Qual é a forma real de uma nuvem? E, se se contestar, como ouso dizer que se poderia fazer, que uma nuvem não é uma "coisa material", não sendo, portanto, o tipo de coisa que deve ter uma forma real, considere-se este caso: qual é a forma real de um gato? Sua forma real muda sempre que ele se movimenta? Se não, em que postura *está* presente a sua forma real? Além disso, sua forma real deve ser delineada de modo suave e uniforme, ou ser tão cerradamente minuciosa que leve em conta cada pêlo do gato? É perfeitamente óbvio que não existe *nenhuma* resposta para essas questões – nenhuma regra que induza uma resposta, nenhum procedimento que nos permita fazê-lo. É claro que existem inúmeras formas que o gato não tem – a forma cilíndrica, por exemplo. Mas só uma pessoa desesperada brincaria com a idéia de determinar a forma real de um gato "por eliminação".

Contraste-se este caso com outros em que *sabemos* como proceder: "Estes diamantes são reais?", "É um pato verdadeiro?" Objetos de joalheria que se assemelham mais ou menos fielmente a diamantes podem não ser diamantes reais por serem de massa vítrea ou de vidro; o pato pode não ser real porque se trata de uma imitação, ou de um pato de brinquedo, ou de uma espécie de ganso muito parecida com pato, ou porque estou tendo uma alucinação. Todos esses casos são, sem dúvida, muito diferentes. E observe-se, em particular, (*a*) que, na maior parte deles, "a observação por um observador normal em condições normais" é completamente irrelevante; (*b*) que algo que não seja um pato real não é um pato *não existente*, ou, claro, o que quer que seja de não existente; e (*c*) que uma coisa existente, por exemplo um brinquedo, pode perfeitamente não ser real, não ser, por exemplo, um pato real[1].

A esta altura talvez já tenhamos dito o bastante para estabelecer que, no uso de "real", existem mais coisas do que um exame superficial nos levaria a pensar; tem usos múltiplos e variados em muitos contextos diversos. A seguir, devemos tentar pôr as coisas um pouco em ordem, e mencionarei agora, sob quatro rubricas, o que poderíamos chamar de aspectos relevantes do uso de "real" – embora nem *todos* esses aspectos sejam igualmente evidentes em todos os seus usos.

1. Em primeiro lugar, "real" é uma palavra da qual podemos dizer que "tem fome de substantivo". Considere-se:

---

1. Em si mesma, a palavra "existe" é, sem dúvida, extremamente suscetível. É um verbo, mas não descreve algo que as coisas fazem o tempo todo, como respirar, só que mais calmamente – num ritmo metafísico, por assim dizer. Fica muito fácil, então, começar a indagar o que *seja* existir. Os gregos estavam ainda pior que nós nessa região do discurso – para as diferentes expressões "ser", "existir" e "real", tinham que se contentar com uma única palavra, ει ναι. Não temos as desculpas que eles tinham para nos confundirmos neste tópico confessamente gerador de confusão.

"Estes diamantes são reais."
"Estes são diamantes reais."

Num aspecto gramaticalmente óbvio, este par de sentenças se assemelha a este outro:

"Estes diamantes são cor-de-rosa."
"Estes são diamantes cor-de-rosa."

Mas, enquanto podemos, *simplesmente*, dizer de uma coisa "Isto é cor-de-rosa", não podemos, *simplesmente*, dizer de uma coisa "Isto é real". E não é difícil ver por quê. Podemos perfeitamente dizer de uma coisa que ela é cor-de-rosa sem conhecê-la, sem nenhuma referência àquilo que ela *é*. Mas não é assim com "real". Pois um único e mesmo objeto pode ser ao mesmo tempo um *x* real e não ser um *y* real; um objeto que se parece muito com um pato pode ser uma verdadeira imitação de um pato (não apenas um pato de brinquedo), mas não um pato real. Quando não se trata de um pato real, mas de uma alucinação, mesmo assim pode tratar-se de uma alucinação real – em oposição, por exemplo, a um engano passageiro saído de uma imaginação fértil. Quer dizer, devemos ter uma resposta para a questão "*que tipo* de coisa real?", caso se pretenda que a pergunta "É real ou não?" tenha um sentido definido e uma base sólida. E talvez devêssemos, aqui, mencionar também outro ponto – a saber, que a pergunta "É real ou não?" nem sempre se coloca, nem sempre pode ser levantada. *Colocamos* essa questão somente quando, grosso modo, a dúvida se insinua em nós – de um modo ou de outro, as coisas podem não ser o que parecem; e só *podemos* levantar a questão se há maneira, ou maneiras, de as coisas poderem não ser o que parecem; além de "real", o que mais poderia ser uma imagem consecutiva?

"Real" não é, evidentemente, a única palavra a ter esta fome de substantivo. Outros exemplos, talvez mais bem conhecidos, são "o mesmo" e "um". O mesmo *time* pode não ser o mesmo *grupo de jogadores*; um corpo de guarda pode ser uma *companhia* e também três *pelotões*. E o que dizer de "bom"? Temos, aqui, uma grande variedade de vazios a clamar por substantivos – "Um bom *o quê*?", "Bom *em* quê?". Um bom livro, talvez, mas não um bom romance; bom para podar roseiras, mas não para consertar automóveis[2].

2. Em seguida, "real" constitui aquilo que podemos chamar de *palavra que veste calças* ("trouser-word"). Em geral se acredita – e ouso dizer, com razão, que o que se pode chamar de uso afirmativo de um termo seja básico – que, para compreender *x*, precisamos saber o que é ser *x*, ou ser um *x*, e que esse conhecimento nos ensina o que é *não* ser *x*, não ser um *x*. Mas, no caso de "real" (como observamos, de passagem, um pouco antes), é o uso *negativo* que veste as calças. Quer dizer, a afirmação de que algo é real, de que um tal e tal é real, só possui sentido definido à luz de um modo específico pelo qual podia *não* ser, ou *não* ter sido, real. "Um pato real" difere do simples "um pato" somente porque é usado para excluir vários modos de não ser um pato real – mas uma imitação, um brinquedo, uma fotografia, um engodo, etc.; e, além disso, desconheço *exatamente* como tomar a afirmação de que este é um pato real – a não ser que saiba *exatamente* o que, na ocasião específica, o falante pretende excluir. Eis aí por que a tentativa de encontrar uma característica comum a todas

2. Em grego, o caso de σοφός tem importância considerável; Aristóteles parece enfrentar dificuldades para usar σοφία "absolutamente", por assim dizer, sem especificar o campo no qual entra símbolo é aplicada e mostrada. Compare-se, também, δεινότης.

as coisas que são, ou podiam ser, chamadas de "reais" está fadada ao fracasso; a função de "real" não é a de contribuir positivamente para a caracterização do que quer que seja, mas a de excluir possíveis modos de *não* ser real – e esses modos são, ao mesmo tempo, numerosos para os tipos particulares de coisas e passíveis de serem bastante diferentes para coisas de tipos diferentes. É essa identidade de função geral combinada com a imensa diversidade nas aplicações específicas que confere à palavra "real" aquele traço, à primeira vista desconcertante, de não ter nem um "significado" único, nem ambigüidade, diversos significados diferentes.

3. Em terceiro lugar, "real" (como "bom") é a palavra dimensionadora. Isto significa que é o termo mais geral e abrangente no interior de todo um grupo de termos do mesmo tipo, termos que preenchem a mesma função. Do lado afirmativo, outros membros desse grupo são, por exemplo, "proper"[3], "genuíno", "vivo", "verdadeiro", "autêntico", "natural", e, do lado negativo, "artificial", "falsificado", "falso", "simulado", "improvisado", "postiço", "sintético", "de brinquedo" – e substantivos como "sonho", "ilusão", "miragem", "alucinação" também pertencem ao grupo[4]. Vale a pena notar aqui que, de modo bastante natural, os termos *menos* gerais do lado afirmativo têm, em muitos casos, o mérito de sugerir, mais ou menos definitivamente, o que está sendo excluído; tendem, nisso, a emparelhar com termos do lado negativo, e, portanto, por assim dizer, a estreitar a série de possibilidades.

---

3. Adequado; digno do nome (próprio da sua natureza).

4. Evidentemente, nem todos os usos de todas estas palavras são do tipo que estamos aqui considerando – embora seja de bom alvitre não assumir que nenhum possa ser *inteiramente* diferente, *completamente* desconectado.

Se digo que gostaria que a universidade tivesse um teatro digno deste nome ("proper"), isto sugere que o que ela tem atualmente é um teatro *improvisado*; os quadros são autênticos por oposição a *falsos*, a seda é natural por oposição à *artificial*, falamos de exercícios de tiro real e de tiros de pólvora seca, etc. É evidente que, na prática, obtemos sempre uma indicação daquilo de que se trata a partir do substantivo em questão, uma vez que freqüentemente temos uma idéia prévia bem fundada dos aspectos em que o tipo de coisa mencionada poderia (ou não) ser "não real". Por exemplo, se você me pergunta: "Isto é seda natural?", minha tendência vai ser a de complementar com "por oposição à artificial", uma vez que já sei que a seda é o tipo de coisa que pode muito bem ser imitada por um produto artificial. Mas não me ocorrerá, por exemplo, a noção de que seja seda *de brinquedo*[5].

Aqui surge um grande número de questões – nas quais não pretendo me deter – que dizem respeito à composição dessas famílias de palavras de "realidade" e palavras de "irrealidade", e também a serem feitas entre seus membros individuais. Por que é que, por exemplo, o fato de ser um trinchante *apropriado* implica uma maneira de ser um trinchante real, ao passo que ser creme *puro* parece não ser uma maneira de ser creme *real*? Ou, em outras palavras: como é que a distinção entre creme real e creme sintético difere da distinção entre creme puro e creme fal-

---

5. Por que não? Porque a seda não pode ser "de brinquedo". Muito bem, mas por que não pode? Será porque, estritamente falando, um brinquedo já é algo bastante pequeno e especialmente feito, ou projetado, para ser manipulado ludicamente? Nas garrafas de cerveja de brinquedo, a água não é cerveja de brinquedo, mas uma *pretensa* cerveja. Poderia um relógio de brinquedo ter, internamente, um mecanismo de relojoaria e marcar as horas corretamente? Ou isso seria apenas um relógio *em miniatura*?

sificado? Será que é porque, apesar de tudo, o creme adulterado ainda é *creme*? Por que os dentes falsos são chamados de "falsos" em vez de, digamos, "artificiais"? E por que os membros artificiais são assim chamados, de *preferência* a "falsos"? Será porque os dentes falsos, além de executarem quase a mesma tarefa dos dentes reais, têm, *enganosamente*, o ar de dentes reais, que é o que se pretende deles? Enquanto um membro artificial talvez seja criado para executar a mesma tarefa, mas não se pretende, nem tal é provável, que *passe por* um membro real.

Outra palavra dimensionadora notoriamente filosófica (já mencionada, em outro contexto, por sua grande semelhança com "real") é "bom". "Bom" é a mais geral de uma lista muito ampla e diversificada de palavras mais específicas, que com ela repartem a função geral de expressar apreço, mas diferem entre si por sua propensão a aparecer em contextos específicos e por suas implicações com esses contextos. É curioso, e, em determinada época, os filósofos idealistas valorizavam muito o fato, que, em si, a palavra "real" possa pertencer a essa família em alguns de seus usos. "Este, sim, é um verdadeiro ('real') trinchante!" pode ser uma maneira de dizer que se trata de um bom trinchante[6]. E às vezes se diz, por exemplo sobre um mau poema, que não é realmente um poema; até mesmo para se *qualificar* alguma coisa é preciso, por assim dizer, que se chegue a um determinado nível de realização.

4. Por último, "real" também pertence a uma grande e importante família de palavras que podemos chamar de *palavras ajustadoras* – cujo uso permite que outras pala-

6. Coloquialmente, pelo menos, deparamos com a recíproca. "Dei-lhe uma boa surra" – "Uma verdadeira surra" – "Uma surra digna deste nome."

vras se ajustem às inúmeras e imprevisíveis exigências que o mundo impõe à linguagem. A tese, sem dúvida consideravelmente simplificada, é a de que, num determinado momento, a linguagem contém palavras que (mais ou menos) nos habilitam a dizer o que sejamos na maior parte das situações que (achamos) venham a aparecer. Mas os vocabulários são finitos, e a variedade de possíveis situações com as quais podemos nos defrontar não é nem finita, nem exatamente previsível. Portanto, podem surgir situações com as quais o nosso vocabulário não está instrumentado para lidar de forma sistemática e linear. Temos, por exemplo, a palavra "porco", e uma idéia bastante clara de quais animais, dentre os que normalmente encontramos, assim devem ser (ou não) chamados. Mas eis que um dia deparamos com um novo tipo de animal, que tem aspecto e comportamento muito semelhantes aos dos porcos, mas não *inteiramente* iguais; é um porco diferente. Bem, podíamos simplesmente ficar quietos, sem saber o que dizer; não queremos dizer, absolutamente, que *é* um porco, ou que *não* é. Ou podemos, se, por exemplo, acharmos que vamos nos referir com certa freqüência a essas novas criaturas, inventar uma palavra nova para elas. Mas o que poderíamos fazer, e provavelmente faríamos antes de mais nada, seria dizer: "Este animal é *como* um porco." ("Como é *a* grande palavra ajustadora, ou, dito de outro modo, o principal dispositivo de flexibilidade com a ajuda do qual, a despeito do limitado alcance de nosso vocabulário, sempre podemos evitar uma situação em que não tenhamos o que dizer.) E então, tendo dito desse animal que ele é *como* um porco, podemos prosseguir com a observação: "Mas não é *realmente* um porco" – ou, mais especificamente, e usando um termo que os naturalistas preferem, "não é um *verdadeiro* porco." Se concebermos as palavras como setas arremessadas para o mundo, a função dessas palavras ajustadoras está em libertar-nos de nossa inaptidão de só conseguirmos atirar reto à nossa frente; ao serem usadas em determinadas circunstâncias, palavras como "porco" podem, por assim dizer, voltar-se para alvos ligeiramente afastados da linha reta e contínua que, habitualmente, lhes serve de mira. E, desse modo, ganhamos tanto em flexibilidade quanto em precisão; pois, se posso dizer "não é realmente um porco, é *como* um porco", não preciso alterar o significado de "porco".

Mas, pode-se perguntar, *temos* que ter a palavra "como" para servir a esta finalidade? Afinal, dispomos de outros dispositivos de flexibilidade. Por exemplo, posso dizer que os animais dessa nova espécie são "porcinos". Talvez possa denominá-los "quase-porcos", ou descrevê-los (no estilo dos que vendem vinhos indefiníveis) como criaturas "tipo porco". Mas, por excelentes que sejam a seu modo, esses dispositivos não podem ser considerados substitutos de "como", e não o podem pela seguinte razão: eles simplesmente nos provêem de novas expressões do mesmo nível da própria palavra porco, e que funcionam do mesmo modo que ela. Assim, embora nos ajudem, talvez, em nossas dificuldades imediatas, podem fazer-nos recair, a qualquer momento, exatamente no mesmo *tipo* de dificuldade. Temos aqui este tipo de vinho que não é realmente vinho do Porto, mas uma aproximação tolerável, e vamos chamá-lo de "tipo porto". Mas eis que alguém produz um novo tipo de vinho, não exatamente um porto, mas também não completamente semelhante ao que chamamos de "tipo porto". Que havemos então de dizer? É do "tipo porto"? Seria entediante ter de dizê-lo, e, de mais a mais, é evidente que não teria futuro. Mas, no caso, podíamos dizer que é *como* o vinho tipo porto (e, a propósito, muito semelhante ao porto, também); e, ao dizer isto, não nos sobrecarregamos com uma *nova palavra*, cuja aplicação pode mostrar-se problemática caso os vendedores de vinho nos apareçam com uma nova surpresa. A palavra "como" nos provê, *em geral*, do necessário para lidar com o imprevisto, algo que as palavras inventadas *ad hoc* não fazem, nem podem fazer.

(Por que, então, precisamos de "real" como palavra ajustadora, ao lado de "como"? Por que, exatamente, temos às vezes que dizer "é como um porco", e, outras vezes, "não é um verdadeiro porco ('a real pig')"? Responder adequadamente a estas questões constituiria um grande avanço no sentido de tornar realmente claro o uso, o "significado" de "real"[7].)

A esta altura já deveria estar perfeitamente claro que não se podem estabelecer critérios *gerais* para distinguir o real do não-real. Como consegui-lo depende *daquilo* em relação a que o problema se coloca em cada caso. Além disso, até mesmo para os tipos particulares de coisas podem existir muitas maneiras diferentes de fazer a distinção (não existe uma maneira *única* de "não ser um porco real") – isto depende do número e da variedade das surpresas e dos dilemas que a natureza e nossos semelhantes podem fazer com que deparemos, e das surpresas e dos dilemas com os quais nos defrontamos até aqui. E, sem dúvida, não havendo nunca nenhum dilema ou surpresa, a questão simplesmente não se coloca; e se, sim-

---

7. Diga-se de passagem que não se ganha nada em afirmar que "real" é uma palavra *normativa*, e ficar por aí, pois "normativo" é, em si, um termo demasiado geral e vago. Como, e de que maneira, "real" é uma palavra normativa? Presumivelmente, não o é da mesma maneira que "bom". E o que conta são as diferenças.

plesmente, nunca tivéssemos tido ocasião de distinguir algo que, de algum modo, se pareça com um porco, mas que não seja um porco *real*, então as próprias palavras "porco real" não teriam nenhuma aplicação – do mesmo modo como, talvez, as palavras "imagem consecutiva real" não têm nenhuma aplicação.

Além disso, os critérios que empregamos num determinado momento não podem ser considerados *definitivos*, não sujeitos a mudança. Suponhamos que, um dia, uma criatura do tipo que ora chamamos de gato se ponha a falar. Bem, para começar, acho que diríamos: "Este gato pode falar." Mas então sucede que outros gatos, mas não todos, também se põem a falar; agora temos de dizer que alguns gatos falam e estabelecer uma distinção entre gatos falantes e não falantes. Mas, além disso, se o falar se tornar corrente entre gatos e a distinção entre os que falam e os que não falam nos parecer realmente importante, podemos chegar ao ponto de dizer que um gato *real* deve ser uma criatura capaz de falar. E isto nos porá diante de um novo caso de "não ser um gato real", isto é, uma criatura exatamente igual a um gato, mas que não fala.

É evidente – isto talvez não pareça digno de menção, mas, em filosofia, parece ser necessário dizê-lo – que fazemos uma distinção entre "um *x* real" e "um *x* não real" somente se existir uma maneira de informar a diferença entre o que é um *x* real e o que não o é. Uma distinção que, na verdade, não somos capazes de estabelecer é – para dizê-lo delicadamente – uma distinção que não vale a pena fazer.

VIII

Voltando a Ayer, já protestamos aqui contra a sua convicção aparente de que "real" é uma palavra que pode ser usada da maneira que quisermos – ou seja, de que, embora alguns digam, por exemplo, que a forma real de um edifício permanece a mesma quando visto a partir de ângulos diferentes, pode-se "preferir dizer" que a sua forma real muda constantemente. Agora, porém, pretendo examinar a última seção do seu livro, que tem por título *Aparência e realidade*[1], na qual ele busca explicar a distinção do modo como normalmente a fazemos. Suponho que ele veja isto como uma descrição das nossas "preferências".

Ayer começa por fazer uma distinção entre "percepções" que são "qualitativamente enganadoras" e "existencialmente enganadoras". No primeiro caso, diz-se que achamos que "os dados dos sentidos dotam as coisas materiais de qualidades que realmente não possuem", e, no segundo, que "as coisas materiais que (os dados dos sentidos) parecem apresentar não existem de forma alguma".

1. Ayer, op. cit., pp. 263-74.

Contudo, a distinção é, no mínimo, pouco clara. A expressão "existencialmente enganadora" evoca, naturalmente, casos em que uma pessoa é realmente *enganada* – nos quais, por exemplo, pensa ver um oásis, mas um oásis "que não existe de forma alguma"; e é esta espécie de caso que, sem dúvida, Ayer tem em mente. Com a expressão "qualitativamente enganadora", por outro lado, pretende-se certamente remeter a casos em que algum objeto, se se acha diante de nós, não se duvida disso, mas uma de suas "qualidades" está sob suspeita – tem aspecto azul, por exemplo, mas é *realmente* azul? Ora, parece estar implícito que estes dois tipos de casos esgotam o campo. Mas será que o fazem? Suponha-se que vejo um pato de chamariz e o tomo por um pato real; em qual das maneiras de Ayer a minha "percepção" será considerada "enganadora"? Bem, não fica totalmente claro. O fato pode ser considerado "qualitativamente" enganador na medida em que dota a coisa material de "qualidades que ela não possui realmente"; por exemplo, suponho erradamente que o objeto que estou a ver pode grasnar. Mas, então, também se pode ver o pato como "existencialmente" enganador, uma vez que a coisa material que parece apresentar não existe; acho que existe um pato real diante de mim, mas, na verdade, não existe nenhum. Assim, a distinção inicial de Ayer nos apresenta alternativas falsas; sugere que só temos dois casos a considerar. Num deles, a única questão é saber se a coisa que percebemos realmente tem a "qualidade" que parece ter, e, no outro, se a coisa que parecemos perceber existe realmente. Mas, no caso do pato-chamariz, essa alternativa cai por terra imediatamente, e há muitos outros casos semelhantes. É como se, para efetuar a distinção inicial, Ayer se tenha agarrado ao tipo de caso verdadeiramente "enganoso", no qual penso ver algo onde *nada* existe, e simplesmente tenha negligenciado o caso muito mais comum no qual penso ver algo onde realmente existe algo *diverso*. Em resultado, uma grande parte, provavelmente a maior parte, do campo em cujo interior estabelecemos distinções entre "aparência e realidade" acha-se completamente omitida desta discussão. Ayer discute (muito brevemente) o caso em que se assume que algo existe ou podia existir quando, realmente, não existe de forma alguma; outrossim discute, bem mais longamente, o caso em que se supõe que algo tenha, ou possa ter, uma característica que realmente não tem; mas Ayer simplesmente não menciona os numerosos e variados casos nos quais se assume que algo seja ou possa *ser* o que realmente não é – como os diamantes artificiais, que podem ser tomados por diamantes reais. A distinção entre erro sobre a qualidade e erro sobre a existência não se aplica adequadamente a estes casos, e é *exatamente* isso que está errado com a distinção. Ela divide o tópico tratado de uma forma que deixa boa parte dele de fora[2].

Contudo, a principal tarefa que Ayer se atribui é "fornecer uma explicação do uso da palavra 'real' tal como ela se aplica às características das coisas materiais". A distinção entre ser "enganoso" e ser "verídico", diz ele, "não depende de uma diferença nas qualidades intrínsecas dos dados dos sentidos", uma vez que um dado dos sentidos elíptico poderia, afinal, "apresentar" tanto algo realmente elíptico quanto algo realmente circular; assim, a distin-

2. Pode-se acrescentar que muita coisa é arbitrariamente excluída pelo fato de Ayer restringir sua discussão a questões acerca de "coisas materiais" – a não ser, o que duvido, que ele pudesse classificar como *coisas* materiais *substâncias* como seda, vidro, ouro, creme, etc. E será que eu não poderia levantar a questão: "É um arco-íris real?"

ção "deve depender de uma diferença em suas relações", a saber, suas relações com outros dados dos sentidos.

Segundo Ayer, uma pessoa podia tentar identificar um dado dos sentidos como "um portador da natureza real da coisa material relevante" dizendo que um tal dado dos sentidos é o que ocorre "naquilo que é convencionalmente tomado como condições preferenciais". Contudo, ele objeta a isto por duas razões: primeiro, "que estas condições preferenciais não são as mesmas para cada tipo de coisa material"[3], e, segundo, que é seguramente necessário explicar *por que* certas condições deveriam ser selecionadas como "preferenciais". É esta explicação que Ayer passa a elaborar. "Os dados dos sentidos privilegiados", afirma, isto é, os que apresentam as "qualidades reais" das coisas materiais, "são considerados os membros mais confiáveis dos grupos a que pertencem, no sentido de que possuem maior valor enquanto fontes de predição". Posteriormente, acrescenta, como traços meritórios, o que denomina "constância sensível" e mesurabilidade; mas também aqui, pensa Ayer, é realmente o *valor profético* que determina a atribuição de realidade. Por exemplo: se estou *muito* próximo de um objeto, ou *muito* afastado dele, estou bastante mal colocado para predizer "que aspecto terá" quando visto de outros ângulos, ao passo que, se eu observá-lo a uma distância mais moderada, posso ser capaz de dizer perfeitamente bem "que aspecto terá" quando observado mais de perto, ou mais de longe. (Não está bem claro de que característica do objeto se trata, mas parece que é da forma.) Assim, continua o argumento, dizemos que a "forma real" é a forma que a coisa apresenta quando olhada de uma distância mais moderada. Mas, se

3. É interessante que Ayer sentisse isto como uma *objeção*.

eu olhar para um objeto com óculos escuros, será difícil dizer que cor apresentará quando eu tirá-los. Daí dizermos que, através de óculos escuros, o objeto não apresenta sua "cor real".

Contudo, isto não servirá de explicação *geral* nem mesmo do pequeno segmento do uso de "real" que Ayer escolhe para discussão. (O fato importante é que *não existe* nenhuma explicação geral, e, ao tentar encontrar uma, Ayer está perseguindo um fogo-fátuo.) Pois considerem-se algumas questões acerca da cor "real". Existem aqui *muitos* casos de um tipo que Ayer não leva em conta por generalizar a partir de um único exemplo. Já mencionamos alguns. Por exemplo: "Não é a cor real do cabelo dela." Por que não? Por que a cor que o cabelo dela agora apresenta não é uma base confiável para a previsão? Por que a cor agora apresentada pelo cabelo dela não se "diferencia visivelmente" dos outros constituintes do meu campo visual? Não. Não é a cor real do seu cabelo porque ela o *tingiu*. Suponham, agora, que cultivei um espécime normal de flor branca em um preparado verde, de forma que as pétalas apresentam agora uma tonalidade de verde-claro. Afirmo: "É claro que não é a sua cor real." Por que digo isto? Afinal, sou capaz de fazer predições adequadas de como o meu espécime se apresentará em diversas condições. Mas a razão pela qual digo que o verde-claro não é sua cor real não tem nada a ver com isto; é que, simplesmente, a cor *natural* da flor é branca. E existem alguns casos que não envolvem interferência artificial nas coisas, e que vão contra a doutrina de Ayer. Se eu olhar de muito perto um pedaço de tecido, posso vê-lo como um padrão axadrezado em branco e preto e ser capaz de predizer que, a partir de outros pontos de vista, terá uma aparência cinzenta; se olhar a uma distância de vários metros, pode parecer cinzento, e posso *não* ser capaz de predizer que, bem de perto, parecerá branco e preto; mas dizemos, mesmo assim, que a sua cor é cinza. E que dizer do *gosto*? Se alguém que não costuma beber vinho diz ser ácido o copo de vinho que lhe ofereço, posso retrucar: "Não é realmente ácido" – com isso querendo dizer não que a noção de que é ácido oferece muito pouca base para predição, mas que, se a pessoa saborear a bebida de modo mais tolerante, perceberá que não é exatamente como as coisas ácidas, e que, apesar de compreensível, sua primeira reação não foi apropriada.

Contudo, como já afirmei, o que em princípio está errado com a análise que Ayer faz do uso da palavra "real" é exatamente a tentativa de apresentar *uma* análise – ou duas, caso incluamos suas observações superficiais sobre o "existencialmente" enganoso. De fato, em termos gerais o que ele diz não vale nem para "cor real"; e, sem dúvida, não nos ajuda em nada no caso de pérolas reais, patos reais, creme real, relógios reais, romances reais e tudo o mais – todos aqueles usos de "real" inteiramente negligenciados por Ayer. O motivo de ser um erro procurar uma explicação única e totalmente geral do uso da palavra "real" é algo que, a esta altura, espero já ter deixado claro – e, por ora, não pretendo voltar ao assunto. Todavia, gostaria de enfatizar que é sempre fatal embarcar na explicação do uso de uma palavra sem considerar seriamente mais do que uma reduzida fração dos contextos em que ela é efetivamente usada. Neste caso, como em outros, Ayer parece ter sido encorajado a empreender essa tarefa fatal por uma propensão inicial a acreditar que a área pode ser nítida e exaustivamente dividida em duas.

IX

O leitor talvez esteja lembrado que toda essa longa discussão sobre a Natureza da Realidade originou-se daquele trecho em que Ayer "avalia" o argumento da ilusão e chega à conclusão de que o problema levantado não é realmente factual, mas lingüístico. Argumentei anteriormente que a forma como Ayer chega à conclusão mostra que, na verdade, não acredita no argumento, pois este se apóia na doutrina de que os "fatos empíricos" reais são, *de fato*, sempre acerca de "aparências sensíveis", e que as observações ostensivas sobre "coisas materiais" devem, por outro lado, ser vistas exclusivamente como um modo de falar – "os fatos aos quais se pretende que essas expressões remetam" são fatos sobre "fenômenos", os únicos fatos reais que existem. Seja como for, porém, a posição oficial a esse respeito é que, por um lado, estamos diante de uma questão lingüística – devemos *dizer* que os objetos que percebemos diretamente são dados dos sentidos? – e, por outro, que o argumento da ilusão não nos deu nenhuma razão premente para fazermos tal afirmação. Assim, em seguida o próprio Ayer vai expor as razões pelas quais diríamos isso, e a seção[1] que ele intitula "A introdução dos dados dos sentidos" deve ser agora examinada.

É verdade, diz Ayer, que, "se nos restringirmos a usar as palavras de uma forma tal que dizer de um objeto que ele é visto, tocado ou percebido de outro modo implica dizer que ele realmente existe, e que algo realmente possui a característica que o objeto parece ter, seremos obrigados ou a negar que haja percepções enganadoras, ou a admitir que é um erro falar como se os objetos que percebemos fossem sempre coisas materiais". Na verdade, porém, não usamos as palavras desta forma. "Se afirmo que estou vendo um bastão que parece torto, não quero dizer que alguma coisa esteja realmente torta... ou se, estando sujeito a uma ilusão de visão dupla, digo perceber dois pedaços de papel, não preciso, necessariamente, estar querendo dizer que ali existem, de fato, dois pedaços de papel. Sem dúvida, porém, pode-se dizer que, se os dois pedaços de papel forem realmente percebidos, devem existir em algum sentido, ainda que não como coisas materiais. A resposta a esta objeção é a de que ela se baseia num mal-entendido com relação à maneira como uso a palavra 'perceber'. Do modo como a uso aqui, dizer de um objeto que ele é percebido não implica dizer que exista em algum sentido. E este é um uso perfeitamente correto e familiar da palavra."

Mas, continua Ayer, "existe também um uso correto e familiar da palavra 'perceber', no qual dizer de um objeto que ele é percebido traz consigo a implicação de que ele existe". E, se uso a palavra "neste sentido" em meu caso de dupla visão, devo dizer: "Pensava perceber dois

1. Ayer, op. cit., pp. 19-28.

pedaços de papel, mas estava realmente percebendo só um." "Se a palavra for usada num sentido familiar, pode-se dizer que, de fato, percebi dois pedaços de papel. Se for usada noutro sentido, também sancionado por convenção, então é preciso dizer que percebi apenas um." "Não haverá problema enquanto mantivermos os dois usos separados."[2]

Da mesma forma, uma pessoa pode dizer que "vê uma estrela distante de tamanho maior que o da Terra"; pode também dizer que aquilo "que está vendo naquele momento... é uma mancha prateada não maior que uma moeda de seis *pence*". E essas observações, diz Ayer, não são inconsistentes. Pois, em *um sentido* de "ver", "é necessário que aquilo que é visto deva realmente existir, mas não é necessário que deva possuir as propriedades que parece ter" – *neste* sentido, a pessoa vê uma estrela enorme, mas, em *outro sentido*, "não é possível que alguma coisa deva parecer ter qualidades que realmente não possui, mas também não é necessário que aquilo que é visto deva realmente existir" – *neste* sentido, a pessoa "pode verdadeiramente dizer que aquilo que vê não é maior que uma moeda de seis *pence*".

E os dados dos sentidos? Aparecem, agora, da seguinte forma. Alguns filósofos podem decidir, declara Ayer, "aplicar a palavra 'ver' ou qualquer outra designando modos de percepção de experiências tanto enganosas quanto verídicas", e *também* (equivocadamente, talvez) usar essas palavras "de tal maneira que aquilo que é visto ou apreendido de modo diverso deve existir e realmente

2. Price também pensa que "perceber" é *ambíguo*, que tem *dois sentidos*. Compare-se *Perception*, p. 23. "É possível perceber o que não existe... Mas, em outro sentido de 'perceber', sentido esse que está mais próximo do falar corrente, não é possível perceber o que não existe."

possuir as propriedades que parece ter". Mas então, muito naturalmente, acabam por descobrir que não podem dizer que "o que é apreendido" é sempre uma coisa material; pois, nas situações "enganadoras", ou a coisa "não existe realmente" ou "não possui, realmente, as propriedades que parece ter". E então, parece, em vez de reverem o seu uso de "ver", os filósofos decidem dizer que "o que é apreendido" nas situações "enganosas" é um *dado dos sentidos*. A seguir, diz Ayer, acham "conveniente estender este uso a todos os casos", pela velha e já conhecida razão de que "as percepções enganosas e verídicas" não diferem em "qualidade". Isto, diz Ayer, "pode ser razoavelmente aceito como regra de linguagem. E, assim, chega-se à conclusão de que em todos os casos de percepção os objetos de que temos consciência direta são dados dos sentidos, e não coisas materiais". Este procedimento, segundo Ayer, não envolve "nenhuma descoberta factual"; equivale à recomendação de "um novo uso verbal". No que lhe diz respeito, Ayer está disposto a adotá-la; "em si mesma, não acrescenta nada ao conhecimento dos fatos empíricos, e nem mesmo nos possibilita expressar algo cuja expressão (sem este novo uso verbal) estaria vedada. Na melhor das hipóteses, só nos habilita a remeter aos fatos familiares *de uma maneira mais clara e conveniente*". (Os itálicos são meus.)

Uma parte importante, ou, pelo menos, proeminente da argumentação que leva a esta conclusão é a alegação de que existem *sentidos diferentes*, todos (ou serão só *alguns*?) "corretos e familiares", de "perceber" e outros verbos que designam modos de percepção[3]. O que esta

3. Por justiça, devo reiterar aqui que muita água correu por debaixo da ponte desde a época em que Ayer escreveu o seu livro. No período de

alegação tem a ver exatamente com o argumento é uma questão que iremos examinar no momento oportuno; primeiro, porém, quero examinar as bases do argumento, para depois questionar se ele é bem fundado.

Vejamos, então, os exemplos que serviriam para pôr em evidência esses supostos sentidos diferentes. Primeiro, o velho caso do bastão dentro da água. Nas palavras de Ayer: "Se digo que estou vendo um bastão que parece torto, não quero com isto dizer que algo esteja realmente torto." Ora, isto é inteiramente verdadeiro, mas mostra o quê? *Pretende-se*, evidentemente, mostrar que existe um *sentido* de "ver" no qual dizer que algo é visto não implica dizer-se "que existe, e que realmente possui a característica que o objeto parece ter". Mas o exemplo certamente não mostra isto. Tudo o que mostra é que o enunciado completo "Vejo um bastão que parece torto" não implica que algo seja realmente torto. Que isto *deriva do sentido em que "ver" é aqui usado* é um passo adicional para o qual não se apresenta justificação alguma. E de fato, pensando bem, o passo não só é indefensável como completamente errado. Pois, se *tivéssemos* que escolher uma *parte* do enunciado como sendo aquela em virtude da qual não se implica que algo esteja realmente torto, seguramente a frase "que parece torto" seria o candidato mais provável ao desempenho desse papel. Pois, quaisquer que sejam as opiniões que possamos ou não ter acerca dos sentidos de "ver", todos sabemos que o que parece torto pode realmente não *ser* torto.

---

uma ou duas décadas antes de ele escrever existiram muitas doutrinas acerca de sentidos supostamente diferentes dos verbos perceptivos, e não é de estranhar que Ayer as tenha aceito como material inquestionável. Não cabe dúvida de que hoje não procederia assim.

O segundo exemplo é ineficaz, e erra o alvo de modo bastante semelhante. Ayer afirma: "Se digo que alguém sente pressão na perna, não excluo, necessariamente, a possibilidade de que a sua perna tenha sido amputada." Mas, de novo, por que explicar isto invocando *um sentido* de "sentir"? Em vez disso, por que não dizer, por exemplo, que a expressão "pressão na perna" pode às vezes ser usada para especificar o que uma pessoa sente, mesmo que sua perna tenha realmente sido amputada? Parece-me muito duvidoso que possamos dizer que aqui esteja exemplificado um *sentido* especial até mesmo das palavras "pressão na perna"; de qualquer maneira, as razões para dizê-lo valeriam também para dizermos que temos aqui um sentido especial de "sentir" (pelo tato) – e mais justificadamente até.

O terceiro exemplo, o da dupla visão, é menos fácil de tratar. A propósito, diz Ayer: "Se digo que percebo dois pedaços de papel, não preciso implicar que realmente existem dois pedaços de papel ali." Ora, creio que isto só pode ser dado como verdadeiro depois de algumas ressalvas. É verdade que, sabendo que sofro de dupla visão, posso dizer "Estou percebendo dois pedaços de papel", e, ao dizê-lo, *não querer dizer* que ali realmente existem dois pedaços de papel. Não obstante, acho que o enunciado implica que, de fato, são dois – no sentido que uma pessoa não ciente das circunstâncias especiais do caso suporia, em vista do meu enunciado, que eu pensava haver ali dois pedaços de papel. Contudo, podemos concordar que, ao dizer "Estou percebendo dois pedaços de papel", posso não *querer dizer* – pois posso saber que é falso – que realmente existem dois pedaços de papel diante de mim. Até aqui, tudo bem. Mas, na frase seguinte, Ayer muda a forma das palavras; "se dois pedaços de papel *são realmente percebidos"*, diz, não precisa ser verdadeiro que existem dois pedaços de papel. E isso está simplesmente errado. Na verdade, o fato de dois pedaços de papel *serem realmente percebidos* é justamente o que *não* deveríamos dizer num caso de visão dupla – exatamente pela razão de que devem *existir* duas coisas, se duas "são realmente percebidas".

Mas, alguém poderia dizer, já não concedemos o suficiente para justificar o ponto principal de Ayer? Pois, seja o que for que tenhamos pensado a respeito de "são realmente percebidos", concordamos que posso dizer, sem impropriedade, que "estou percebendo dois pedaços de papel", mesmo estando plenamente consciente de que não existem, realmente, dois pedaços de papel diante de mim. E, sendo inegável que essas palavras podem *também* ser usadas para implicar que *realmente* existem dois pedaços de papel, não somos obrigados a concordar que existem dois sentidos diferentes de "perceber"?

Não, não somos. Os fatos lingüísticos produzidos não são suficientes para provar tanto. Em primeiro lugar, se realmente existem dois *sentidos* de "perceber", seria de esperar que esse verbo pudesse ocorrer em qualquer dos sentidos e em qualquer uma das suas construções. Mas de fato, mesmo que "Percebo dois papéis" não precise querer dizer que *existem* dois pedaços de papel, parece que "Dois pedaços de papel são realmente percebidos" *não* é compatível com o fato de ali existir apenas um. Tudo indica que seria melhor dizer que as implicações de "perceber" podem diferir em diferentes *construções*, e não apenas afirmar que existem dois *sentidos* de "perceber". Mais importante que isso é o fato de a visão dupla ser um caso *excepcional*, e por isso termos de ampliar o uso comum a fim de conciliá-lo com a teoria. Uma vez que, nessa situação excepcional, embora exista apenas um papel, e pareço estar vendo dois, posso querer dizer, *faute de mieux*, que "percebo dois pedaços de papel", sabendo muito bem que a situação não é aquela em que essas palavras seriam exatamente apropriadas. Mas o fato de que uma situação excepcional possa, assim, induzir-me a usar palavras essencialmente apropriadas a uma situação diferente e normal não basta para estabelecer que, em geral, existam dois *sentidos* diferentes e normais ("corretos e familiares") das palavras, ou de uma só das palavras que uso. Apresentar uma anormalidade tão intrigante quanto a visão dupla poderia, no máximo, estabelecer que o uso lingüístico corrente às vezes tem que ser ampliado para acomodar situações extraordinárias. Não é, como diz Ayer, que "Não haverá problema enquanto mantivermos os dois usos separados"; não há razão para dizer que *existem* dois usos; não haverá "nenhum problema" enquanto estivermos cientes das *circunstâncias especiais*.

Numa visita ao zoológico, posso dizer "É um leão", apontando para um dos animais. E também posso dizer, apontando para uma foto em meu álbum: "É um leão." Será que isso mostra que a palavra "leão" tem *dois sentidos* – um que remete a um animal, e outro que remete à imagem de um animal? É evidente que não. Para dizer tudo em poucas palavras (no presente caso) posso usar, numa situação, palavras originariamente apropriadas a outra, e, desde que as circunstâncias sejam conhecidas, não surge problema algum.

Na realidade, no caso da visão dupla não é verdade que meu único recurso seja ampliar, da maneira referida, o uso corrente de "percebo dois pedaços de papel". É certo que *posso* fazê-lo, mas, na verdade, existe uma expressão idiomática especial para ser usada neste caso especial, e que Ayer podia ter usado com bons resultados – "Vejo o pedaço de papel em dobro". Eu também poderia dizer que "vejo-o como se fosse dois".

Examinemos, agora, o caso da pessoa que vê uma estrela; a explicação de Ayer para o caso deixa-nos perplexos. Como o leitor deve estar lembrado, espera-se que a pessoa diga duas coisas: (*a*) "Vejo uma estrela distante de tamanho maior que o da Terra", e (*b*) – ao ser-lhe pedido que descreva o que vê – "Vejo uma mancha prateada não maior que uma moeda de seis *pence*". A primeira observação de Ayer é que "a pessoa é tentada a concluir que pelo menos uma destas asserções é falsa". É mesmo tentada? Por que deveria sê-lo? É evidente que, no caso de uma extrema ignorância da astronomia, a pessoa pode sofrer essa tentação – quer dizer, se achasse que as manchas prateadas no céu não podem ser estrelas maiores que a Terra, ou se, reciprocamente, pensasse que algo maior que a Terra não pudesse, mesmo a uma grande distância, ser visto como uma mancha prateada. Mas a maior parte de nós sabe que as estrelas são muito, muito grandes, e que estão a uma distância muito, muito grande; sabemos com que se *parecem* quando vistas a olho nu por um observador terrestre, e, de algum modo, sabemos um pouco como elas *são*. Portanto, não vejo razão alguma para sermos tentados a pensar que "ver uma enorme estrela" seja incompatível com "ver uma mancha prateada". Não seria muito mais fácil (e bastante correto) dizermos que a mancha prateada *é* uma estrela?

Talvez, porém, isso não seja muito importante, uma vez que, embora Ayer pense (para nossa grande surpresa) que devemos sentir essa tentação, ele também pensa que devemos resistir a ela; os dois enunciados, diz ele, não são realmente incompatíveis. Em seguida, explica que "a palavra *ver*, como a palavra *perceber*, é comumente usada em vários sentidos". Há um "sentido" no qual é verdade que a pessoa vê uma estrela, e outro "sentido" no qual é verdade que vê uma mancha prateada. Bem, mas que sentidos são esses?

"Num sentido", diz Ayer, "no sentido em que a pessoa pode, de fato, dizer que vê a estrela, é preciso que o que é visto realmente exista, mas não que tenha as qualidades que parece ter." Talvez isto esteja correto, ainda que, no contexto, um tanto obscuro. Podemos aceitar que "é preciso que o que é visto realmente exista". A dificuldade com a outra condição – "não é preciso que tenha as qualidades que parece ter" – é que não se esclarece, no exemplo, o que sejam "as qualidades que parece ter". A linha geral da discussão sugere que é ao *tamanho* que se alude. Mas então surge a dificuldade: a pergunta "De que tamanho parece *ser*?", feita a propósito de uma estrela, é uma daquelas perguntas para as quais uma pessoa sensata não tenta achar resposta. Poderia, na verdade, dizer que "parece minúscula", mas seria absurdo que, com isto, quisesse dizer que a estrela tem a aparência de um objeto que *é* minúsculo, que a estrela parece *ser* minúscula. No caso de um objeto tão imensamente distante como uma estrela, não se pode falar do "tamanho que parece ter" quando se olha para ele, uma vez que está fora de propósito fazer tal estimativa de suas dimensões. "A julgar pelas aparências, é $\left\{\begin{array}{c}\text{menor}\\ \text{maior}\end{array}\right\}$ que a Terra", pois, na verdade, as aparências não servem de base nem mesmo para um juízo tão grosseiro como este. Mas, mudando de exemplo, talvez possamos consertar as coisas. É sabido que as estrelas cintilam, e, em virtude disto, poder-se-ia dizer que *parecem* ser luminosas de maneira intermitente, irregular ou descontínua. Assim, se consideramos que as estrelas não são, de fato, descontinuamente luminosas, e afirmamos que vemos estrelas, pode-se concluir que, evidentemente, não exigimos que aquilo que é visto deva possuir "as qualidades que parece ter".

Voltemo-nos agora para o outro "sentido" de Ayer. "Em outro sentido", diz ele, "aquele no qual uma pessoa pode dizer, com verdade, que aquilo que vê não é maior que uma moeda de seis *pence*, não é possível que uma coisa pareça ter qualidades que na verdade não possui, mas também não é necessário que aquilo que é visto deva realmente existir." Este *seria*, talvez, um "outro sentido" de "ver", se é que tal sentido existe; na verdade, porém, não existe *nenhum* sentido desse tipo. Se uma pessoa diz "Vejo uma mancha prateada", é evidente que implica a existência da mancha, que há uma mancha; e, se *não* existe mancha na região do céu noturno para a qual está olhando, se essa parte do céu está perfeitamente vazia, então é evidente que a pessoa *não* vê uma mancha prateada ali. É inútil que a pessoa diga: "Bem, esta região do céu pode estar perfeitamente vazia, mas continua sendo verdadeiro que vejo uma mancha prateada; porque estou usando 'ver' no sentido em que aquilo que é visto não precisa existir." Para alguns, talvez eu esteja sendo injusto aqui; ao dizer que a mancha que a pessoa vê não precisa "existir realmente", argumentariam, Ayer não pode estar querendo dizer que, simplesmente, pode não haver mancha nenhuma a ser vista – mas sim que não precisa "realmente existir" como ocupante de uma região específica do espaço físico, como acontece com a estrela. Mas não – Ayer sem dúvida *quer dizer* aquilo que lhe atribuí; talvez se lembrem de que, anteriormente, ele afirmou (do modo mais explícito possível) que existe um uso "correto e familiar" de "perceber", em cujos termos "dizer de um objeto que ele é percebido não implica dizer que exista *em nenhum sentido que seja*". O único comentário a fazer é que esse uso não existe.[4]

O outro traço deste pretenso sentido de "ver" não é menos peculiar. Sugere-se que, no "sentido" de "ver" em que a pessoa vê uma mancha prateada, "não é possível que uma coisa pareça ter qualidades que realmente não possui". De novo, aqui não está perfeitamente claro a que se referem essas qualidades; mas é como se Ayer tivesse em mente a "qualidade" de *não ser maior que uma moeda de seis pence*. Mas, sem dúvida, há aí algo bastante absurdo. Lembrem-se de que estamos falando da *mancha*, e não da estrela. E pode-se colocar a sério a questão de saber se a mancha realmente não *é* maior que a moeda, ou se talvez apenas *parece* não *ser* maior? Qual podia ser a diferença existente entre as pretensas alternativas? Dizer "Não é maior que uma moeda de seis *pence*" não é, afinal, nada mais que uma maneira imperfeita de dizer que aspecto tem. Se, todavia, pensarmos em algo que pudesse *seriamente* ser tomado como uma "qualidade" da mancha – por exemplo, a qualidade de ter uma cor rosada – chegaremos, mais uma vez, à conclusão de que não existe esse sentido de "ver" que Ayer afirma existir. Pois, quando uma pessoa vê uma mancha no céu noturno, pode ser que, devido a alguma anomalia nos olhos, a mancha lhe pareça acinzentada, ainda que, na verdade, seja rosada. A única maneira de evidenciar que uma coisa vis-

4. E quanto a ver fantasmas? Se digo que a prima Josefina viu uma vez um fantasma, mas continuo a dizer que "não acredito em fantasmas", seja lá o que isso signifique, então não posso dizer que os fantasmas *não existem em nenhum sentido*. Se insistisse em dizer que os fantasmas absolutamente não existem *em nenhum sentido da palavra*, não poderia permitir-me admitir que as pessoas jamais os vêem – deveria dizer que pensam que vêem, parece que vêem, ou algo assim.

ta não parece ter uma qualidade que realmente não tem *é* escolher uma expressão como "não ser maior que uma moeda de seis *pence*" – mas, nesse caso, a impossibilidade deve-se *não* ao "sentido" em que "ver" está sendo usado, mas ao absurdo de tratar "não ser maior que uma moeda de seis *pence*" como se, neste contexto, se tratasse de uma *qualidade* relativamente à qual fizesse sentido *distinguir* entre os objetos que têm e aqueles que só parecem ter essa qualidade. O fato é que, da mesma forma que *não* existe um "sentido" de "ver" segundo o qual aquilo que é visto "não precisa existir de forma alguma", também *não* existe sentido de "ver", nem o mesmo nem algum outro[5], no qual seja impossível que o que é visto "deva parecer ter qualidades que realmente não tem". Não nego, evidentemente, que seja possível inventar, arbitrariamente, usos de "ver" como esses, embora não compreenda por que haveríamos de desejar fazê-lo; mas recordemos que Ayer procura descrever "sentidos" de "ver" já assumidos como "corretos", e mesmo "familiares".

Chegamos ao fim dos exemplos fornecidos por Ayer, e parece que nenhum deles vem em apoio à idéia de que existem diferentes "sentidos" de "perceber", "ver", e tudo o mais. Um dos exemplos – o da dupla visão – indica (o que, em todo caso, já é de esperar) que, em situações excepcionais, as palavras correntes podem ser usadas sem serem *entendidas* exatamente da maneira habitual; o fato de dizermos da pessoa que sofre de *delirium tremens* que ela "vê ratos cor-de-rosa" é mais um exemplo disso, uma

5. É, de fato, muito difícil compreender como Ayer pôde alguma vez ter pensado que estava caracterizando um *único* sentido de "ver" através desta conjunção de condições. Pois, como se poderia dizer, ao mesmo tempo, "Deve realmente ter as qualidades que parecer ter" e "Pode ser que não exista"? *O que é que* deve possuir as qualidades que parece ter?

vez que não pretendemos aqui (como seria o caso numa situação normal) que sejam ratos cor-de-rosa vivos e reais os que vê; contudo, a inserção de palavras comuns em situações excepcionais não cria, certamente, *sentidos* especiais, menos ainda sentidos "corretos e familiares" das palavras em questão. Quanto aos outros exemplos, ou são irrelevantes quanto à questão dos diferentes sentidos dessas palavras, ou, como no caso da estrela descrito por Ayer, introduz pretensos "sentidos" que certamente não existem.

O que houve de errado, então? Em parte, acho que foi isto: tendo observado, o que é perfeitamente correto, que muitas respostas à pergunta "O que X percebe?" podem ser dadas (normalmente, pelo menos), e que essas diferentes respostas podem ser todas corretas, e portanto compatíveis, Ayer saltou para a conclusão de que "perceber" deve ter diferentes "sentidos" – pois, não sendo assim, como é que as *diferentes* respostas à pergunta poderiam ser todas *corretas*? Mas a explicação adequada dos fatos lingüísticos não é essa; é simplesmente que aquilo que "percebemos" pode ser descrito, identificado, classificado, caracterizado e nomeado de muitas maneiras diferentes. Quando perguntado: "Você deu um pontapé em quê?", posso responder que "Dei um pontapé num pedaço de madeira pintada", ou que "Dei um pontapé na porta de entrada de Jones"; ambas as respostas podiam estar perfeitamente corretas, mas deveríamos por isso dizer que "dar um pontapé" é nelas usado com sentidos diferentes? É claro que não. Aquilo em que dei um pontapé – exatamente em um "sentido" de "dar um pontapé", ou seja, no sentido corrente – poderia ser descrito como um pedaço de madeira pintada, *ou* identificado como sendo a porta de entrada de Jones; o pedaço de madeira em questão *era* a porta de entrada de Jones. Do mesmo modo, posso dizer "Vejo uma mancha prateada", ou "Vejo uma estrela imensa"; o que vejo – no "sentido" único, corrente do termo – pode ser descrito como uma mancha prateada, ou identificado como uma estrela muito grande, pois a mancha em questão *é* uma estrela muito grande[6].

Suponhamos que me perguntam: "O que você viu hoje de manhã?" Posso responder que "Vi um homem que fazia a barba em Oxford", ou também posso dizer, não menos corretamente e referindo-me à mesma situação, que "Vi um homem nascido em Jerusalém". Segue-se, daí, que eu deva estar usando "ver" em sentidos diferentes? É evidente que não. O fato manifesto é que as duas coisas são verdadeiras quanto ao homem que vi – (*a*) que lhe estavam fazendo a barba em Oxford, e (*b*) que tinha nascido alguns anos antes em Jerusalém. E é certo que posso aludir a qualquer um destes fatos sobre ele ao dizer – *sem nenhuma* ambigüidade – que o vi. E, se *há* ambigüidade neste caso, não está na palavra "vi".

Imaginemos que olho por um telescópio e me perguntam: "O que você está vendo?" Posso responder que vejo (1) "Uma mancha brilhante"; (2) "Uma estrela"; (3) "Sirius"; (4) "A imagem no décimo quarto espelho do telescópio". Todas estas respostas estão corretas. Temos aqui diferentes sentidos de "ver"? *Quatro* sentidos diferentes? É claro que não. A imagem no décimo quarto espelho do telescópio *é* uma mancha brilhante, essa mancha brilhante *é* uma estrela, e a estrela *é* Sirius; posso dizer, de modo perfeitamente correto e sem nenhuma ambigüi-

---

6. Daí não procede que se possa dizer, com propriedade, "Aquela estrela muito grande é uma mancha". Eu podia dizer: "Aquele sinal branco no horizonte é a minha casa", mas isto não autorizaria a conclusão de que vivo num ponto branco.

dade, que vejo uma delas, não importa qual. A maneira que escolho para dizer o que vejo vai depender das circunstâncias particulares do caso – por exemplo, do tipo de resposta que, imagino, as pessoas queiram ouvir, da extensão de meus conhecimentos ou de até que ponto estou disposto a ir. (E não se trata apenas de insistir numa única direção; pode tratar-se de um planeta e não de uma estrela, de Betelgeuse e não de Sirius – mas, também, pode ser que o telescópio tenha apenas doze espelhos.)

"Vi um homem de aparência insignificante com calças pretas." "Vi Hitler." Dois sentidos diferentes de "vi"? Claro que não.

Este fato – o de que podemos normalmente descrever, identificar ou classificar o que vemos de muitas maneiras diferentes, diferindo em grau de ousadia – não torna apenas desnecessário e desorientador sair à caça de sentidos diferentes de "ver"; mostra, também, que estão errados os filósofos que sustentaram que a pergunta "O que você vê?" só admite *uma* resposta certa, como, por exemplo, "parte da superfície" de seja lá o que for. Pois, se posso ver parte da superfície, por exemplo parte do cimo de uma mesa, posso também ver, e dizer que vejo se estiver em posição de fazê-lo, uma mesa (uma mesa de jantar, uma mesa de mogno, a mesa do gerente do meu banco, etc.). Esta proposição particular tem o inconveniente adicional de vir a arruinar uma palavra perfeitamente boa, a palavra "superfície"; pois não só é brutalmente errado dizer que o que vemos de uma coisa é sempre a sua *superfície*; é também errado pressupor que todas as coisas *têm* uma superfície. Onde está, e qual é exatamente, a superfície de um gato? E, também, por que "parte de"? Se um pedaço de papel está plenamente visível diante de mim, seria um uso enormemente equivocado dizer que vejo apenas parte dele, com base em que só vejo (é claro) um de seus lados.

Outro ponto a mencionar, ainda que por alto, é o seguinte: embora não exista uma boa razão em se dizer que "perceber" ("ver", etc.) tem diferentes *sentidos*, o fato de podermos fornecer descrições diferentes do que percebemos não esgota o assunto. Quando vemos uma coisa, pode não haver apenas diferentes maneiras de *dizer* o que é visto; a coisa também pode ser vista *de maneiras diferentes*, vista *diferentemente*. Esta possibilidade, que introduz a importante fórmula "ver... *como*..." (see... *as*...), foi levada muito a sério pelos psicólogos, e também por Wittgenstein, mas a maior parte dos filósofos que escrevem sobre a percepção mal tomaram conhecimento dela. Os casos mais patentes são, sem dúvida, aqueles nos quais (como o pato-coelho de Wittgenstein)[7] uma imagem ou um diagrama são criados para serem vistos de diferentes maneiras – como um pato ou como um coelho, como côncavo ou convexo, ou o que quer que seja. Mas o fenômeno também pode ocorrer, digamos, naturalmente. Um soldado verá as complexas evoluções dos homens que participam de uma parada diferentemente de uma pessoa que ignore os exercícios de instrução militar; um pintor, ou, pelo menos, um certo tipo de pintor, pode ver uma cena diferentemente de alguém não versado nas técnicas da representação pictórica. Assim, diferentes maneiras de dizer o que se vê serão, com bastante freqüência, devidas não apenas a diferenças de conhecimento, sutilezas de discernimento, disposição a correr riscos ou interesse por este ou aquele aspecto da situação total; podem dever-se ao fato de que aquilo que se vê é visto diferentemente,

7. "Sehen als", *Investigações filosóficas*, parte II, XI. (N. do T.)

visto de uma maneira diferente, visto mais *como* isto do que *como* aquilo. E, às vezes, não existirá *uma* maneira *certa* de dizer o que se vê, pela razão adicional de que talvez não exista uma única maneira certa de vê-lo[8]. É digno de nota que alguns dos exemplos com que deparamos em outros contextos oferecem ocasiões para o uso da fórmula "ver... como". Em vez de dizer que, a olho nu, uma estrela distante tem o mesmo aspecto que uma mancha minúscula, ou aparece como uma mancha minúscula, podemos dizer que é *vista como* uma mancha minúscula; em vez de dizer que, vista da platéia, a mulher com a cabeça num saco preto parece não ter cabeça, ou tem o mesmo aspecto de uma mulher sem cabeça, podemos dizer que é *vista como* uma mulher sem cabeça.

Agora, porém, devemos retomar o desenvolvimento do argumento filosófico. Como o leitor talvez esteja lembrado, o capítulo de Ayer sobre "a introdução dos dados dos sentidos" consistia, em grande parte, em tentativas de estabelecer a tese de que existem diferentes "sentidos" – dois ou mais, talvez – de "perceber" e de outros verbos perceptivos. Argumentei não existir nenhuma razão para supor que esses sentidos existam. Seria de esperar que isso constituísse uma dificuldade importante para o argumento de Ayer; mas, curiosamente, não acho

---

8. Normalmente vemos as coisas como elas realmente são? Trata-se de uma circunstância feliz, de algo a cuja explicação o psicólogo se lançasse? Quero resistir a este modo de falar: "ver como" é para os casos especiais. Às vezes dizemos que vemos uma pessoa "como ela realmente é" – "em suas verdadeiras cores"; mas isto constitui (*a*) um uso ampliado, quando não metafórico, de "ver", (*b*) bem circunscrito ao caso de pessoas, e (*c*) um caso especial mesmo dentro deste campo limitado. Poder-se-ia dizer, por exemplo, que vemos caixas de fósforos em suas cores verdadeiras?

que assim seja. Pois, ainda que o seu argumento seja apresentado como se dependesse da doutrina dos diferentes "sentidos" dos verbos perceptivos, na verdade não depende dela.

O modo pelo qual os dados dos sentidos são finalmente introduzidos, lembram-se, é este. Afirma-se que os filósofos decidem usar "perceber" ("ver", etc.) de modo tal "que o que é visto ou apreendido por um dos outros sentidos deve realmente existir, e deve realmente ter as propriedades que parece possuir". Mas, evidentemente, esta não é a maneira normal de usar "perceber" ("ver", etc.); nem, aliás, nenhum dos usos das palavras que o próprio Ayer rotula de "corretas e familiares"; é uma maneira *especial* de usar essas palavras, inventada pelos filósofos. Decidindo-se por este uso, descobrem naturalmente que, como candidatas ao que é percebido, as "coisas materiais" não dão conta do recado, pois as coisas materiais nem sempre têm as propriedades que parecem ter, e pode até parecer que existem quando, na verdade, são inexistentes. Assim, ainda que alguns filósofos (se é que tantos) tenham a ousadia de negar que as coisas materiais sejam alguma vez percebidas em qualquer "sentido", pelo menos alguma outra coisa tem que ser designada como o que é percebido neste sentido filosófico especial. E o que é que *realmente* dá conta do recado? A resposta é: os dados dos sentidos.

Ora, a doutrina segundo a qual *já existem*, na aplicação não filosófica, diferentes "sentidos" de "perceber" não teve ainda um papel relevante nessas manobras que consistiram, basicamente, da invenção de um "sentido" completamente *novo*. Qual é, então, o papel dessa doutrina? Bem, segundo Ayer (e Price), o seu papel consiste em proporcionar aos filósofos um motivo para que inventem o seu próprio sentido especial[9]. De acordo com Ayer, esse sentido é inventado "com a finalidade de evitar essas ambigüidades". Ora, a razão pela qual não importa que, na verdade, tais ambigüidades não existem, está em que o ato de evitar ambigüidades não constitui, de fato, a preocupação que move os filósofos. O seu verdadeiro motivo – que se situa no cerne da questão – é que desejam produzir um tipo de enunciado que seja *incorrigível*; e a verdadeira virtude do sentido inventado de "perceber" está em que, uma vez que o percebido nesse sentido *tem* que existir e *tem* que ser como parece, ao dizer o que percebo, nesse sentido, *não posso estar errado*. Tudo isso precisa ser examinado.

9. Para ser exato, Price vê a existência desses diferentes "sentidos" como um motivo para inventar uma *terminologia* especial. Ver *Perception*, p. 24: "Nesta situação, o único caminho seguro é evitar por completo a palavra 'perceber'."

X

A busca do incorrigível é um dos mais veneráveis pesadelos da história da filosofia. Invadindo toda a filosofia antiga, notoriamente Platão, foi poderosamente revigorada por Descartes, e por ele legada a uma extensa linhagem de sucessores. Não há dúvida de que possui muitos motivos e assume múltiplas formas, mas, naturalmente, não podemos nos estender aqui sobre essa questão. Em alguns casos o motivo parece ser um anseio relativamente simples por algo *absolutamente certo* – anseio que pode ser de difícil satisfação se o manipularmos de tal modo que a certeza se torne absolutamente inatingível; em outros casos, como em Platão talvez, o que se procura aparentemente é algo que será *sempre verdadeiro*. Mas, no caso presente, que descende diretamente de Descartes, há uma complicação adicional na forma de uma teoria geral do conhecimento. E, sem dúvida alguma, é no conhecimento (e não na percepção) que esses filósofos estão realmente interessados. No caso de Ayer, isso já se mostra no título do livro, bem como em certas partes do texto; Price está mais seriamente interessado que Ayer nos fatos concretos da percepção, e dedica-lhes maior atenção – mas, ainda assim, é digno de nota que, depois de levantar a questão inicial, "O que é *ver* algo?", a frase que vem imediatamente a seguir é "Quando vejo um tomate, há muita coisa de que *posso duvidar*". Isto sugere que, de fato, ele também está interessado não tanto no ver, mas, sobretudo, naquilo de que *não se pode* duvidar.

Em poucas palavras, a doutrina acerca do conhecimento, conhecimento "empírico", é a de que este possui *bases*. É um edifício a cujos andares superiores se chega através de inferências, e as bases são os *dados* nos quais as inferências se apóiam. (Assim, é claro, parece ser inegável, aí, a existência dos dados dos sentidos.) Todavia, o problema com as inferências é que podem estar erradas; a cada vez que se avança um pé, pode-se estar dando um passo em falso. Assim – continua a doutrina –, a maneira de identificar os andares superiores do edifício do conhecimento é perguntar se podemos estar errados, se existe algo de que *possamos duvidar*; se a resposta for afirmativa, então não estamos nos alicerces do edifício do conhecimento. E, inversamente, será característico dos *dados* que, no seu caso, nenhuma dúvida seja possível, nenhum erro seja cometido. Portanto, para encontrar os dados, os alicerces, buscamos *o incorrigível*.

Ora, a exposição que Ayer faz desta velha história é (ou era, quando ele a escreveu) muito moderna, muito lingüística. Reprova constantemente Price e seus outros predecessores por tratarem como questões de fato o que, na verdade, são questões de linguagem. Contudo, como vimos, essa relativa sofisticação não impede que Ayer aceite em bloco quase todos os velhos mitos e erros incorporados aos argumentos tradicionais. E também, como vimos, não é realmente verdade que Ayer acredite que as questões levantadas sejam lingüísticas, ainda que seja essa a sua doutrina oficial. E, finalmente, como veremos daqui a pouco, a doutrina segundo a qual as questões *são* questões de linguagem leva-o, ao longo da exposição, a cometer um certo número de erros bastante graves a respeito da linguagem.

Mas, antes de entrar no assunto, gostaria de dizer mais uma palavra sobre esta separação entre os pontos de vista reais e oficiais de Ayer. Na segunda seção deste livro já havíamos detectado esta separação – um pouco disso está na espantosa convicção de que não existem fatos reais acerca das "coisas materiais", que podemos dizer o que quisermos sobre *elas,* que os únicos fatos realmente existentes são aqueles que dizem respeito aos "fenômenos", às "aparências sensíveis". Mas a crença de que realmente só *existem* dados dos sentidos surge outra vez, mais clara e com muito mais freqüência, no capítulo final, significativamente intitulado "A constituição das coisas materiais". ("De que são feitas as coisas materiais?") Por exemplo: "Quanto à crença na 'unidade' e 'substancialidade' das coisas materiais, mostrarei que pode ser corretamente representada como algo que implica apenas a atribuição, a dados dos sentidos visuais e tácteis, de certas relações que, *de fato,* prevalecem na nossa experiência. E mostrarei que é somente o *fato* contingente de que *existem* essas relações entre os dados dos sentidos que torna *proveitosa a descrição* do desenrolar de nossa experiência em termos da existência e do comportamento das coisas materiais." (Os itálicos são meus.) E ainda: "Posso descrever a tarefa que estou prestes a empreender como sendo a de mostrar quais os princípios gerais segundo os quais, *a partir dos nossos recursos de dados dos sentidos,* 'construímos' o mundo das coisas materiais." A interpretação oficial desta e de muitas outras observações é que, estritamente falando, dizem respeito às relações lógicas que vigoram entre duas *linguagens* diferentes, a "linguagem dos dados dos sentidos" e a "linguagem dos objetos materiais", não devendo ser literalmente tomadas como relativas à *existência* de uma coisa qualquer. Mas *não* é apenas que, às vezes, Ayer fale *como se* só existissem dados dos sentidos, e *como se* as "coisas materiais" fossem realmente construções (como as de um quebra-cabeça de armar) de dados dos sentidos. É claro que ele realmente acha que isso é verdadeiro, pois sustenta, sem discutir, que a "evidência" empírica *só* é fornecida pela ocorrência de dados dos sentidos, e mais: que, *por esta razão,* "qualquer proposição que se refira a uma coisa material *deve, de algum modo,* ser passível de expressão em termos de dados dos sentidos, para que seja empiricamente dotada de significação. (Mais uma vez, os itálicos são meus.) Quer dizer, a questão oficial – como estas duas supostas "linguagens" podem relacionar-se entre si – nunca é encarada como sendo, verdadeiramente, uma questão aberta; a linguagem dos objetos materiais *deve, de algum modo,* ser "redutível" à linguagem dos dados dos sentidos. E por quê? Porque, na verdade, os dados dos sentidos constituem a totalidade dos "nossos recursos".

Devemos aprofundar um pouco mais essa doutrina das "duas linguagens". Neste tópico Ayer envolve-se em uma polêmica com Carnap, e será instrutivo ver como a discussão se desdobra[1].

A doutrina de Carnap sobre o assunto, com a qual Ayer não concorda em parte, pretende que as frases indicativas (legítimas) de uma língua, excetuando-se as ana-

---

1. Ayer, op. cit., pp. 84-92, 113-4.

líticas, podem ser divididas em dois grupos, consistindo um deles em enunciados "empiricamente testáveis", e o outro em "enunciados observacionais" ou "protocolares". A frase pertencente ao primeiro grupo é empiricamente testável se, e somente se, como diz Ayer, algum enunciado observacional for "dela derivável de acordo com as regras estabelecidas da língua". Carnap tem duas coisas a dizer sobre esses enunciados observacionais em si. Afirma (*a*) que o problema de saber quais os enunciados observacionais que devem ser considerados *verdadeiros* constitui, basicamente, uma questão de convenção; tudo o que temos a fazer é assegurar que a totalidade do *corpus* de nossas frases seja internamente consistente; e (*b*) que não importa muito que espécie de frase classificamos como enunciado observacional, uma vez que "cada frase concreta que pertence ao sistema de linguagem fisicalista pode servir, em circunstâncias apropriadas, de enunciado observacional".

Ayer discorda de Carnap nos dois pontos. Quanto ao primeiro, argumenta com veemência (e com toda razão) que, se o que dizemos se pretende verdadeiro (ou falso) com relação ao mundo em que vivemos, então devem certamente existir algumas coisas que dizemos cuja verdade (ou falsidade) é determinada pela realidade não verbal; não é possível que tudo que dizemos deva ser avaliado unicamente em termos de sua compatibilidade com outras coisas que dizemos.

Quanto ao segundo ponto, a posição de Ayer não fica *completamente* clara. Ele afirma – o que parece bastante razoável – que as únicas frases que podemos adequadamente chamar de "enunciados observacionais" são as que registram "estados de coisas observáveis". Mas que tipo de frases fazem isto? Ou, como diz ele próprio, será possível "delimitar a classe de proposições suscetíveis de serem diretamente verificadas"? O problema é que não se sabe bem qual a resposta que ele dá a essa pergunta. Começa por dizer que "depende da língua em que vem expressa a proposição". Nem nos passa pela cabeça duvidar de que as proposições acerca dos dados dos sentidos possam ser diretamente verificadas. "Por outro lado, quando ensinamos inglês a uma criança, damos a entender[2] que as proposições acerca de coisas materiais podem ser diretamente verificadas." Bem, talvez o façamos; mas teremos o direito de fazer tal implicação? Por vezes, Ayer parece dizer que podemos fazê-la, mas é difícil perceber como é que ele podia realmente pensar desse modo. Pois (à parte sua tendência, já assinalada, de expressar a convicção de que os únicos fatos reais são fatos acerca de dados dos sentidos) existe o fato de que os enunciados observacionais são considerados por ele, e também por Carnap, como os *termini* de processos de verificação; e Ayer repetidamente opina que as proposições acerca de "coisas materiais" não apenas precisam ser, em si, verificadas, como também não são passíveis de verificação "conclusiva". Assim, a menos que Ayer estivesse preparado para dizer que proposições que *não podem* ser "conclusivamente" verificadas *podem* ser "diretamente" verificadas, e, além disso, que podem figurar como *termini* em processos de verificação, deve com certeza negar que proposições acerca de coisas materiais possam ser "enunciados observacionais". E transparece da orientação tomada pelo argumento, bem como de sua estrutura interna, que Ayer realmente o nega. Nos termos de Car-

---

2. Conforme a distinção de Austin entre pressupor / dar a entender / implicar, to imply / to imply (sentido pragmático) / to entail. (N. do T.)

nap, a verdadeira opinião de Ayer parece ser a de que as proposições acerca de "coisas materiais" são "empiricamente testáveis", que as proposições acerca de dados dos sentidos são "enunciados observacionais", e que, enquanto os membros do primeiro grupo não são conclusivamente verificáveis, os membros do segundo são efetivamente *incorrigíveis*.

Devemos agora considerar os acertos e erros de tudo isso. Ayer está certo, já o dissemos antes, e Carnap errado, acerca da questão da conexão com a realidade não verbal; a idéia de que tudo o que está em jogo é a consistência das frases entre si é perfeitamente absurda. Quanto à segunda questão, porém, Carnap está muito mais próximo da verdade que Ayer; não existe, com efeito, nenhuma subclasse especial de frases que tenham por função servir de evidência para outras frases, ou de meio de verificação destas – menos ainda no caso de frases cuja característica principal é a de serem incorrigíveis. Carnap, porém, não está *inteiramente* certo; pois, se considerarmos exatamente por que ele está quase certo, veremos que, no que diz respeito ao ponto mais importante aqui, tanto ele quanto Ayer estão errados.

Em suma, a questão é esta: hoje em dia parece bastante aceito que, se tomarmos um conjunto de frases (ou de proposições[3], para usar o termo preferido por Ayer)

3. A passagem em que Ayer explica o uso deste termo (p. 102) obscurece exatamente o ponto essencial. Pois Ayer diz (*a*) que, no seu uso, "proposição" designa uma classe de frases que têm, todas, *o mesmo significado*, e (*b*) que, "conseqüentemente", fala de proposições, e não de frases, como sendo verdadeiras ou falsas. Mas, evidentemente, saber o que uma frase *significa* é algo que *não* nos habilita a dizer que *é* verdadeira ou falsa; e aquilo a que podemos atribuir o verdadeiro ou o falso *não* é uma "proposição", no sentido de Ayer.

impecavelmente formuladas numa língua qualquer, não se deve cogitar de distribuí-las em verdadeiras e falsas; pois (deixando de fora os chamados enunciados "analíticos") a questão da verdade ou falsidade não depende somente de saber o que *é* uma frase nem mesmo do que *significa*, mas, falando de modo geral, das circunstâncias em que se deu o seu enunciado. *Enquanto tais*, as frases não são verdadeiras ou falsas. Fica igualmente claro que, pelas mesmas razões, não se pode retirar de um conjunto de frases aquelas que servem de evidência para outras, as que são "testáveis", ou as que são "incorrigíveis". Que tipo de frase proferida fornece evidência de que é algo que depende, novamente, das circunstâncias dos casos particulares?; não existe uma frase que, *enquanto tal*, seja fornecedora de evidências, ou que, *enquanto tal*, seja surpreendente, ou duvidosa, ou certa, ou incorrigível, ou verdadeira. Assim, enquanto Carnap está coberto de razão ao dizer que não existe um tipo especial de frase que *tem* de ser escolhida como fornecedora de evidências para as demais, erra por completo ao supor que *qualquer* tipo de frase *poderia* ser escolhido desta maneira. Não é que não importe como o fazemos; é que fazê-lo está totalmente fora de questão. E, assim, Ayer também está errado ao sustentar, como evidentemente sustenta, que as frases fornecedoras de evidências são sempre frases de dados dos sentidos, de sorte que *estas* são as que devem ser escolhidas.

Esta idéia de que existe um certo tipo (ou uma certa forma) de frases que, como tais, são incorrigíveis e fornecedoras de evidência parece predominar o bastante para merecer uma refutação mais detalhada. Consideremos, de início, a incorrigibilidade. O argumento parte, aparentemente, da observação de que existem frases que podem ser identificadas como intrinsecamente mais ousadas que outras – ao proferi-las, aumentamos a possibilidade de incorrer em erro. Se, por exemplo, digo "É Sirius", estou errado se, mesmo tratando-se de uma estrela, essa estrela não é Sirius; já, se eu só tivesse dito "É uma estrela", o fato de não se tratar de Sirius não me causaria o menor problema. Da mesma forma, se eu somente tiver dito "Parece uma estrela", poderia encarar a revelação de que não é uma estrela com a mesma tranqüilidade. E assim por diante. Reflexões desse tipo aparentemente dão origem à idéia de que existe, ou poderia existir, um tipo de frase cuja enunciação não me fizesse correr *absolutamente* nenhum risco, sendo mínimo o meu envolvimento, de tal modo que, em princípio, *nada* poderia mostrar que eu tivesse errado – minha observação seria "incorrigível".

Na verdade, porém, esse objetivo ideal é totalmente inatingível. Não existe, nem poderia existir, nenhum tipo de frase que estivesse, uma vez proferida, a salvo de emenda ou retratação subseqüentes. O próprio Ayer, embora diga que as frases relativas aos dados dos sentidos são incorrigíveis, observa um caso em que não o são; como ele admite, em princípio é sempre possível que, por menos comprometido que um falante pretenda ser, ele possa empregar a palavra e ser levado a reconhecê-lo mais tarde. Mas Ayer não leva isto muito a sério, considerando tratar-se de uma ressalva inteiramente trivial; que o que está sendo concedido é apenas a possibilidade de lapsos lingüísticos, lapsos puramente "verbais" (ou, evidentemente, de mentiras). Mas não é assim. Existem muitas maneiras de utilizar uma palavra não adequada. Posso dizer "magenta" erroneamente, e fazê-lo ou por lapso, tendo querido dizer "vermelhão", ou porque não sei bem o que "magenta" significa, isto é, a que tonalidade de cor essa palavra remete; ou, ainda, porque não fui capaz de (ou talvez nem tentei) reconhecer ou avaliar, com a devida atenção, a cor que tinha diante de mim. Assim, sempre existe a possibilidade não só de vir a admitir que "magenta" não era a palavra que devia ter escolhido para a cor diante de mim, como *também* de que posso ser levado a ver, ou talvez a lembrar-me, de que a cor diante de mim não era *magenta*. E isto vale tanto para o caso em que digo: "A mim pessoalmente, aqui e agora, parece-me estar vendo alguma coisa magenta", quanto para o caso em que digo "Isto é magenta". A primeira fórmula pode ser mais cautelosa, mas não é *incorrigível*[4].

Sim, mas pode-se replicar que, mesmo que fórmulas assim cautelosas não sejam *intrinsecamente* incorrigíveis, existirão muitos casos nos quais o que dizemos ao enunciá-las será *de fato* incorrigível – quer dizer, casos em que não se poderá recorrer a nada que configure uma razão convincente para retratá-las. Pois muito bem, não se coloca em dúvida a verdade disso. Mas o mesmo acontece com as enunciações em que se utilizam palavras de forma

4. Não é bem que Ayer *negligencie* a possibilidade de descrever mal por falta de atenção, ou por falha em reparar ou discriminar; no caso dos dados dos sentidos, tenta *eliminar essa possibilidade de erro*. Estipular que um dado dos sentidos tem todas as qualidades que parece é insuficiente para o fim visado, uma vez que *não* é impossível errar mesmo quando se diz apenas quais são as qualidades que uma coisa parece ter – podemos, por exemplo, não examinar sua aparência com cuidado suficiente. Contudo, estipular que um dado dos sentidos é exatamente aquilo que o falante supõe que seja – de sorte que, se ele *disser* alguma coisa diferente, deve tratar-se de outro dado dos sentidos – equivale a tornar verdadeiros, por decisão pessoal, os enunciados de dados dos sentidos verazes; e, assim, como podem os dados dos sentidos ser, como se pretende também que sejam, entidades não-lingüísticas *das quais* estamos cientes, *às quais* nos referimos, aquilo contra o que a verdade factual de todos os enunciados empíricos deve ser testada em última instância?

completamente diferente. Se faço uma afirmação, e é verdade que não se pode recorrer a nada, seja o que for, que configure uma razão convincente para dela me retratar, isto só pode dever-se ao fato de eu me encontrar, de ter-me colocado, na melhor posição possível para fazer essa afirmação – tenho e estou habilitado a ter *plena* confiança nela no momento em que a faço. Todavia, se as coisas são ou não assim é algo que não depende do *tipo de frase* que uso ao fazer a afirmação, mas de quais são *as circunstâncias* em que a faço. Se examino cuidadosamente uma mancha colorida dentro do meu campo visual, observo-a meticulosamente, sei bem português, e presto uma atenção absoluta ao que estou dizendo, posso dizer: "Agora parece-me estar vendo algo cor-de-rosa"; e nada, absolutamente nada, poderia ser apresentado para mostrar que eu houvesse cometido um erro. Mas, igualmente, se observo por algum tempo um animal à minha frente, a poucos metros de distância e em plena luz, se o apalpo, sinto-lhe o cheiro e reparo nos ruídos que faz, posso dizer: "É um porco." Isto também seria "incorrigível", e não haveria como mostrar que eu errara. Uma vez abandonada a idéia de que existe um *tipo de frase* especial que é incorrigível *enquanto tal*, podemos muito bem admitir (o que, de qualquer forma, é obviamente verdadeiro), que *muitos* tipos de frases podem ser utilizados para enunciados afirmativos que são, *de fato*, incorrigíveis – no sentido em que, ao serem formulados, as circunstâncias são tais que esses enunciados são completa, definitiva e irrevogavelmente verdadeiros.

Considere-se a seguir a evidência – a idéia, mais uma vez, de que existe um tipo especial de frases cuja função é formular evidências sobre as quais se baseiam os outros tipos. Há pelo menos duas coisas erradas neste particular.

Primeiro, não é verdade, como sugere essa doutrina, que sempre que se faz um enunciado sobre "objetos materiais" o locutor deva possuir (ou possa fornecer) evidências que o corroborem. Isto pode parecer bastante plausível, mas envolve um uso por demais equivocado da noção de "evidência"[5]. A situação na qual se poderia dizer, com propriedade, que possuo *evidências* para afirmar que determinado animal é um porco é, por exemplo, aquela em que o próprio animal não está à vista, mas posso ver inúmeras pegadas semelhantes às de um porco nos arredores do local onde ele fica. Se encontro alguns galões de ração para porco, as evidências aumentam, e os ruídos e o cheiro podem fornecer mais indícios. Mas, se o animal aparece e se mostra plenamente visível, não há por que reunir mais indícios; o seu aparecimento não me fornece mais uma *evidência* de que se trata de um porco, agora posso simplesmente *ver* que é um desses animais, a questão está decidida. E é claro que, em circunstâncias diferentes, eu poderia ter começado já por ver isso desde o início, sem precisar dar-me ao trabalho de reunir evidências. Da mesma maneira, se vejo um homem atirar em outro, posso *oferecer* meu depoimento (*evidence*), como testemunha ocular, às pessoas que não se achavam tão bem colocadas como eu; mas não *tenho* evidências para a minha afirmação de que houve um disparo, de que realmente o *vi*. De novo, então, verifica-se que devemos levar em conta não apenas as palavras usadas, mas a situação em que são usadas; a pessoa que diz "É um porco" às vezes terá evidên-

5. Dir-se-á que tenho a "evidência dos meus próprios olhos". Mas o ponto deste tropo consiste exatamente em que *não* ilustra o uso corrente de "evidência" – em que *não* tenho evidência no sentido comum do termo (isto é, no sentido de eu fornecer a mim próprio uma prova epistemologicamente falando). (N. do T.)

cias para dizê-lo, outras vezes não; mas não se pode dizer que, enquanto tal, a *frase* "É um porco" seja do tipo para o qual as evidências se fazem absolutamente necessárias.

Mas, em segundo lugar, como já foi demonstrado pelo caso anterior, não é verdade que a formulação de evidências seja função de um tipo especial de frase. A evidência (se alguma existe) de um enunciado sobre objetos materiais será formulada através de enunciados do mesmo tipo; mas, em geral, *qualquer* tipo de enunciado pode oferecer evidências para *qualquer* outro tipo, desde que as circunstâncias sejam apropriadas. Por exemplo: não é verdade, em geral, que os enunciados se "baseiem" em enunciados singulares e não o inverso; minha crença de que *este* animal comerá nabos pode estar baseada na crença de que a maior parte dos porcos os come, ainda que certamente, em circunstâncias diferentes, posso ter apoiado a afirmação de que a maior parte dos porcos come nabos ao dizer que, de qualquer maneira, este aqui os come. Da mesma forma, o que talvez seja mais relevante para o tópico da percepção, não é verdade, em geral, que os enunciados sobre como as coisas são "se baseiem" em enunciados sobre como as coisas parecem, têm a aparência de, ou dão a impressão de, e não vice-versa. Posso dizer, por exemplo, "Aquele pilar é bojudo" com base em que ele parece bojudo; mas, em circunstâncias diferentes, poderia dizer "Aquele pilar tem um aspecto bojudo" – com base em que fui eu, precisamente, que o construí, e *construí-o* bojudo.

Estamos agora em condições de abordar, por alto, a idéia segundo a qual os enunciados sobre objetos materiais *enquanto tais* não são conclusivamente verificáveis. Isto é tão errado como achar que os enunciados sobre dados dos sentidos são incorrigíveis enquanto tais (o que não é apenas "enganoso", como Ayer está disposto a admitir). A doutrina de Ayer é a de que "a noção de certeza não se aplica a proposições *desse tipo*"[6]. A razão oferecida para tal afirmação é a de que, para verificar uma proposição desse tipo conclusivamente, deveríamos realizar a tarefa autocontraditória de completar "uma série infinita de verificações"; por maior que seja o número dos testes que possamos levar a cabo, nunca poderemos completar todos os testes possíveis, pois são em número infinito; mas nada *menos* que a totalidade dos testes possíveis seria *suficiente*.

Ora, por que é que Ayer (e não é só ele) nos apresenta uma doutrina espantosa como esta? Não é, claro, verdade que, em geral, os enunciados acerca de "coisas materiais" *precisem*, enquanto tais, ser "verificados". Se, por exemplo, uma pessoa diz, durante uma conversa ocasional, "De fato, moro em Oxford", o outro participante da conversa pode, se achar que vale a pena, verificar a asserção; mas o *locutor* não precisa fazê-lo – sabe que é verdadeira (ou, se estiver mentindo, que é falsa). Estritamente falando, não é que não *precise* verificar a afirmação, mas que, já sabendo que é verdadeira, nada do que pudesse fazer *valeria* como verificação. Tampouco é verdade que o locutor se encontra nessa posição por ter verificado a asserção em algum estágio anterior; pois, de fato, de quantas pessoas que conhecem muito bem onde vivem é possível dizer que já *verificaram*, alguma vez, que ali vivem? Quando se imaginaria que o tivessem feito? De que for-

---

6. A propósito, ele está tão errado quanto muitos outros estiveram antes dele ao sustentar que a "noção de certeza" *realmente* se aplica "às proposições *a priori* da lógica e da matemática" enquanto tais. Na lógica e na matemática, muitas proposições não são, de modo algum, certas; e, se muitas o são, isto não ocorre pelo fato de *serem* proposições da lógica e da matemática, mas porque, digamos, foram estabelecidas de modo particularmente firme.

ma? E por quê? O que temos aqui, de fato, é uma doutrina errônea que é uma espécie de imagem especular da doutrina errônea acerca da evidência que discutimos há pouco; a idéia de que enunciados acerca de "coisas materiais" *enquanto tais* precisem ser verificados é tão errada quanto (e errada no mesmo sentido) a idéia de que enunciados acerca de "coisas materiais" *enquanto tais* devem basear-se em evidências. E ambas as idéias se desencaminham, no fundo, através do erro generalizado de negligenciar as *circunstâncias nas quais* as coisas são ditas – de supor que, *sozinhas, as palavras* possam ser objeto de uma discussão genérica.

Mas, mesmo que concordemos em nos restringir a situações em que os enunciados podem ser, e devem ser, verificados, o caso ainda parece desesperador. Por que cargas d'água deveríamos achar que tal verificação não pode nunca ser conclusiva? Se, por exemplo, você me diz que há um telefone na sala ao lado, e (sentindo dúvida) decido verificar sua afirmação, como se poderia pensar ser-me *impossível* fazer isto conclusivamente? Vou à sala, e certamente ali está alguma coisa que parece exatamente um telefone. Mas não será o caso de uma pintura em *trompe l'oeil*? Posso resolver isso rapidamente. Trata-se de um telefone de imitação, que não está ligado à rede e não funciona? Bem, desmonto-o parcialmente para certificar-me, ou então tento ligar para alguém – ou peço que me liguem, para poder ter certeza. E, evidentemente, se fizer todas essas coisas, certifico-me *de fato*; que mais poderia exigir? O objeto já passou por um número suficiente de testes para comprovar que se trata, realmente, de um telefone. E não é somente que, em termos das finalidades normais e práticas do cotidiano, esses testes o *façam valer* um telefone – o objeto que satisfaz a todos esses testes *é* um telefone, sem dúvida nenhuma.

Contudo, como já era de esperar, Ayer tem um motivo para sustentar essa opinião tão extraordinária. Sustenta, como elemento geral de doutrina, que, embora os enunciados acerca de "coisas materiais" nunca sejam estritamente equivalentes a enunciados acerca de dados dos sentidos, ainda assim "dizer qualquer coisa sobre uma coisa material é dizer algo, mas não a mesma coisa, sobre classes de dados dos sentidos"; ou, como coloca às vezes, um enunciado acerca de uma "coisa material" *implica* "um ou outro conjunto de enunciados acerca de dados dos sentidos". Mas – e esta é a sua dificuldade – não existe nenhum conjunto *definido* e *finito* de enunciados acerca de dados dos sentidos que resulte de algum enunciado sobre uma "coisa material". Assim, por mais sistemático que seja o meu exame dos enunciados sobre os dados dos sentidos evocados por um enunciado sobre uma "coisa material", nunca se pode excluir a possibilidade de que existam *outros* enunciados sobre dados dos sentidos que ele também deixa implícitos, e que, se examinados, acabarão por mostrar-se falsos. Mas, sem dúvida, se um enunciado pode implicar um enunciado falso, então ele próprio, por isso mesmo, pode ser considerado falso; e esta é uma possibilidade que, de acordo com a doutrina, não pode em princípio ser totalmente eliminada. E dado que, segundo a doutrina, a verificação consiste precisamente em examinar desse modo os enunciados sobre dados dos sentidos, segue-se que a verificação *nunca* pode ser conclusiva[7].

---

7. As coisas materiais são construídas como as peças de um quebra-cabeça; mas, uma vez que o número de peças de um quebra-cabeça não seja finito, nunca poderemos saber se algum quebra-cabeça é perfeito – podem faltar peças, ou haver peças que não se encaixam.

Dentre os muitos elementos contestáveis da doutrina, o mais estranho talvez seja o uso que se deu à noção de implicação. Que é que a frase "É um porco" *implica*? Talvez exista em alguma parte, registrado por alguma autoridade em zoologia, um enunciado das condições necessárias e suficientes para pertencer à espécie *porco*. E assim, talvez, se usarmos a palavra "porco" estritamente neste sentido, dizer que um animal é um porco implicará que satisfaça aquelas condições, quaisquer que possam ser. Mas não é este tipo de implicação que Ayer tem em mente; nem ela é particularmente relevante para o uso não especializado da palavra "porco"[8]. Mas que outro tipo de implicação temos aqui? Possuímos uma idéia aproximada daquilo a que os porcos se assemelham, com que o seu odor e os seus ruídos característicos se parecem, e como costumam comportar-se; e, sem dúvida, se alguma coisa não tem bem o aspecto de um porco, não se comporta, não faz ruídos, nem cheira como os porcos, diríamos não se tratar de um porco. Mas existem – *têm* que existir – *enunciados* da forma "Tem aspecto de...", "Faz o ruído de...", "Cheira a...", dos quais pudéssemos dizer, sem vacilar, que fiquem implícitos no enunciado "É um porco"? É claro que não. Aprendemos a palavra "porco", como aprendemos a grande maioria das palavras que designam coisas correntes, ostensivamente – por nos ser dito, em presença do animal, "*Isto* é um porco"; e assim, ainda que certamente aprendamos a que espécie de coisa se aplica (ou não) adequadamente a palavra "porco", não passamos por nenhum estágio intermédio que as-

8. De qualquer forma, a definição oficial não vai cobrir *tudo* – as anomalias, por exemplo. Se me mostrarem um porco de cinco pernas numa feira, não posso pedir meu dinheiro de volta sob o pretexto de que ser um porco implica ter somente quatro pernas.

socie a palavra "porco" a uma série de *enunciados* sobre o modo de as coisas parecerem, soarem, ou cheirarem. A palavra não é introduzida em nosso vocabulário desta forma. Embora cheguemos a ter certas expectativas quanto a saber se é ou não o caso quando um porco está por perto, é totalmente artificial representá-las à guisa de *enunciados implicados por* "Isto é um porco". E, justo por esta razão, na melhor das hipóteses é totalmente artificial falar como se *verificar* se um animal é um porco consista em examinar os enunciados implicados por "É um porco". Se concebermos a verificação desta maneira, sem dúvida serão muitas as dificuldades; não saberemos por onde começar, como ir adiante ou onde parar. O que isso mostra, porém, não é que "É um porco" seja de difícil verificação, ou incapaz de ser conclusivamente verificado, mas que o procedimento de Ayer é uma caricatura inconcebível da verificação. Se o procedimento de verificação estivesse corretamente descrito tal como foi apresentado, não poderíamos dizer exatamente o que constituiria a verificação conclusiva da afirmação de que um determinado animal era um porco. Mas isto não mostra que normalmente exista, de fato, nenhuma dificuldade em verificar que um animal é um porco sempre que deparamos com a oportunidade de fazê-lo; apenas mostra que aquilo que a verificação *é* foi completamente falseado[9].

9. Outra forma de mostrar que "implicação" está deslocado em tais contextos: suponhamos que as mejengras, todas as que já vimos, têm penacho, de modo que não hesitamos em dizer: "As mejengras têm penacho." Será que isto *implica* que o que não tem penacho não é uma mejengra? Realmente não. Pois, se se descobrirem espécimes sem penacho em alguma região recém-explorada, bem, é evidente que não é *delas* que falávamos ao dizermos que as mejengras têm penacho; temos que repensar a questão e reconhecer, talvez, a existência de uma nova espécie, desprovida de penacho. Da mesma forma, o que dizemos nos dias de hoje sobre me-

A isto podemos acrescentar uma questão bastante diferente, mas ligada à anterior: embora tenhamos opiniões mais ou menos definidas quanto ao que objetos de tipos diferentes farão ou não farão, ou como reagirão ou não reagirão, em uma ou outra situação, seria grosseiramente artificial representá-las sob a forma de implicações definidas. Há um grande número de coisas que, tenho certeza, um telefone não fará, e, sem dúvida, um número infinito de coisas que nunca me passará pela cabeça que ele pudesse fazer; mas seria perfeitamente absurdo dizer que "Isto é um telefone" *implica* toda a constelação de enunciados das coisas que ele faz e não faz, e concluir que, *realmente*, não terei estabelecido que algo é um telefone até que, *per impossibile*, tenha confirmado toda a classe infinita dessas supostas implicações. Será que "É um telefone" *implica* que "Não se pode comê-lo"? Devo tentar comê-lo, e fracassar, no processo de certificar-me de que é um telefone?[10]

As conclusões a que chegamos até aqui podem, portanto, ser resumidas da seguinte maneira:

1. Não existe nenhum *tipo* ou *classe* de frases ("proposições") das quais se possa dizer que, *enquanto tais*,

---

jengras não se refere, *absolutamente*, à mejengra pré-histórica da época eocena, nem às mejengras de um futuro remoto, que talvez tivessem perdido as pernas devido a mudanças atmosféricas.

10. Acho que os filósofos quase não se deram conta de que a maior parte das palavras de uso comum são definidas ostensivamente. Por exemplo: sempre se pensou constituir um enigma o porquê de A *não poder* ser B, se ser A não *implica* não ser B. O que acontece muitas vezes, porém, é que "A" e "B" são introduzidos com a mesma definição ostensiva das palavras que designam *coisas diferentes*. Por que é que um valete de copas não pode ser uma rainha de espadas? Talvez precisemos de um novo termo: "ostensivamente analítico".

(*a*) são incorrigíveis;
(*b*) fornecem evidência para outras frases; e
(*c*) devem ser examinadas a fim de que outras frases possam ser verificadas.

2. No que diz respeito às frases sobre "coisas materiais", não é verdade que, *enquanto tais*,
(*a*) devem ser justificadas (*supported by evidence*) ou baseadas em evidência (*based on evidence*);
(*b*) necessitam de verificação; e
(*c*) não podem ser conclusivamente verificadas.

De fato, as frases – em oposição aos *enunciados feitos em circunstâncias específicas* – não podem, *de modo algum*, ser divididas, segundo estes princípios, em dois grupos (ou em nenhum outro número). E isto significa que a doutrina geral do conhecimento que esbocei no início desta seção, doutrina que é o verdadeiro pesadelo subjacente ao tipo de teorias que até aqui discutimos, está *radicalmente* mal concebida e já *de princípio* equivocada. Pois, mesmo na hipótese arriscada e gratuita de que o que uma pessoa sabe em tempo e lugar determinados pudesse, sistematicamente, ser decomposto e ordenado em termos de bases e superestruturas, seria um erro de princípio supor que a mesma coisa se aplicasse ao conhecimento *em geral*. E isto é assim porque não *poderia* haver uma resposta *genérica* para as questões: o que constitui evidência para que, o que é certo, o que é duvidoso, o que necessita ou não necessita de evidências, o que pode ou não ser verificado? Se a Teoria do Conhecimento consiste em achar razões para uma resposta dessas, não existe tal teoria.

Todavia, antes de abandonar esse tópico, devemos examinar mais uma doutrina acerca das "duas linguagens". Essa doutrina está errada não exatamente pelas mesmas razões que temos discutido, e tem interesse *per si*.

Não é muito fácil dizer, exatamente, o que a doutrina é, de modo que vou apresentá-la nas palavras do próprio Ayer (os itálicos são meus). Ele diz, por exemplo: "Enquanto o significado de uma frase que se refere a um dado dos sentidos é *precisamente determinado* pela regra que o correlaciona com o *dado dos sentidos* em questão, tal *precisão* não é alcançável no caso de uma frase que se refere a uma coisa material. Pois a proposição que tal frase expressa difere de uma proposição sobre um dado dos sentidos por não existirem fatos observáveis que constituam condição necessária e suficiente de sua verdade."[11] E, ainda: "... as referências de uma pessoa a coisas materiais são *vagas* em sua aplicação aos fenômenos..."[12] Bem, talvez não seja muito claro o que, exatamente, se pretende dizer com estas observações; mesmo assim, percebe-se com suficiente clareza que o que está sendo afirmado é que os enunciados sobre os dados dos sentidos – todos os enunciados desse tipo – são, de algum modo e em algum sentido, *precisos*, ao passo que, por contraste, os enunciados sobre coisas materiais são, *todos* eles, *vagos* em algum sentido ou de algum modo. Para começar, é difícil ver como é que isto poderia ser verdadeiro. "Aqui estão três porcos" é um enunciado vago? "Parece que estou vendo alguma coisa rósea" *não* é vago? O segundo enunciado é *necessariamente* preciso de uma maneira que o primeiro é incapaz de ser? E não é surpreendente que a precisão deva emparelhar-se com *incorrigibilidade*, e a imprecisão com *impossibilidade de verificação*? Afinal, dizemos que

11. Ayer, op. cit., p. 110. "Fatos observáveis", aqui, como tantas vezes acontece, significa, e só pode significar, "fatos sobre dados dos sentidos".

12. Ayer, op. cit., p. 242.

as pessoas "buscam abrigo" no vago – quanto mais preciso se é, mais provável, em geral, que se esteja enganado, ao passo que se tem boas possibilidades de *não* estar errado quando se faz um enunciado suficientemente vago. Mas o que nos falta, aqui, é examinar mais de perto as palavras "vago" e "preciso" em si mesmas.

"Vago" é, em si, um conceito vago. Suponhamos que digo, por exemplo, que a descrição que alguém faz de uma casa é vaga; existe um número muito grande de traços possíveis – não necessariamente defeitos, pois isso depende daquilo que se deseja – que a descrição pode ter no todo ou em parte, e que poderiam levar-me a declará-la vaga. Pode ser (*a*) uma descrição *aproximada*, comunicando apenas uma "idéia aproximativa" da coisa a ser descrita, ou (*b*) *ambígua* em alguns pontos, de modo que a descrição sirva, ou seja apreendida como tendo este ou aquele significado, ou (*c*) *imprecisa*, não especificando com precisão os aspectos da coisa descrita, ou (*d*) não muito *detalhada*, ou (*e*) formulada em *termos genéricos* que cubram uma série de casos bastante diversos, ou (*f*) não muito *acurada*, ou talvez, também (*g*) não muito *detalhada* ou *completa*. Uma descrição pode, sem dúvida, exibir todos esses traços de uma só vez, mas é evidente que eles também podem ocorrer independentemente um do outro. Uma descrição bastante aproximada e incompleta pode ser perfeitamente exata; pode ser detalhada, mas muito imprecisa, inteiramente desprovida de ambigüidade mas, ainda assim, muito geral. De qualquer maneira, fica bastante claro que não existe uma *única* maneira de ser vago, ou de não o ser, isto é, de ser *preciso*.

Em geral são os *usos* das palavras, e não elas mesmas, que se chama apropriadamente de "vagos". Se, por exemplo, ao descrever uma casa, digo entre outras coisas que tem um telhado, o fato de não dizer o tipo de telhado que a casa tem pode ser um dos traços que levam as pessoas a dizer que minha descrição é um tanto vaga; mas isso parece não constituir uma boa razão para dizer que, em si, a palavra "telhado" é uma *palavra* vaga.

Existem, reconhecidamente, diversos tipos de telhado, bem como de porcos ou policiais; isso, porém, não significa que todos os usos de "telhado" nos deixem em dúvida quanto ao que se quer dizer; às vezes desejaríamos que o locutor fosse "mais preciso", mas é de se supor que esse desejo resulte de alguma razão especial. Esse fato de ser aplicável a uma série de casos não idênticos é muitíssimo comum; o número de palavras que apresenta esse traço supera em muito, imagino, o das palavras às quais atribuiríamos o rótulo genérico de *palavras* vagas. Por outro lado, quase qualquer palavra pode nos meter em dificuldades no que diz respeito aos casos limítrofes; mas, de novo, isso não basta para dar firmeza a uma acusação de imprecisão. (Aliás, a razão pela qual tantas palavras exibem esses traços não se deve ao fato de ocorrerem na linguagem de "objetos materiais", mas, antes, ao fato de ocorrerem na linguagem *comum*, onde uma excessiva sutileza de distinções seria realmente cansativa; entram em contraste não com as palavras relativas aos "dados dos sentidos", mas com as terminologias especiais das "ciências exatas".) Existem, contudo, algumas palavras notoriamente inúteis – "democracia", por exemplo – cujos usos tendem a nos deixar sempre em dúvida acerca do que com elas se pretende dizer; e, neste caso, parece razoável dizer-se que a *palavra* é vaga.

O termo "preciso" é identificado, sobretudo, no campo semântico da "medida"; ser preciso, aqui, consiste em usar uma escala graduada suficientemente fina. "216,366 metros" constitui uma resposta muito precisa à pergunta sobre o comprimento do vapor de carreira (ainda que possa não ser exata). Pode-se dizer que as *palavras* são precisas quando, digamos assim, sua aplicação fica circunscrita a estreitos limites; "azul ovo de pato" é, no mínimo, uma frase *mais* precisa que "azul". Mas não existe resposta geral que determine o grau de sutileza da escala, ou quão estritamente determinada deve ser a aplicação de uma palavra para que a precisão seja alcançada – em parte porque não existe um limite para a tarefa de estabelecer divisões e discriminações cada vez mais sutis, e em parte porque aquilo que é preciso (o suficiente) para alguns propósitos será demasiado grosseiro e aproximativo para outros. Uma descrição, por exemplo, não pode ser mais absoluta, definitiva e derradeiramente *precisa* do que absolutamente *copiosa* ou *completa*.

"Precisamente" pode, e deve, ser diferenciado de "exatamente". Se meço uma banana com uma régua, posso descobrir que tem precisamente 14,2875 cm de comprimento. Se medir a régua com bananas, posso verificar que mede exatamente seis bananas, embora não possa reivindicar uma grande precisão para meu método de medição. Se eu tiver que medir uma carga de areia em três partes iguais sem ter os meios de pesá-la, não posso fazê-lo *precisamente*. Mas, se tiver que dividir uma pilha de 26 tijolos em três pilhas iguais, não posso fazê-lo com *exatidão*. Pode-se dizer que o uso de "exatamente" implica algo de estimulante e especialmente digno de nota; o fato de serem (*exatamente*) duas horas em ponto tem, por assim dizer, um valor noticioso melhor que o de serem duas horas e três minutos; existe uma espécie de contentamento em achar a *palavra exata* (que pode não ser uma palavra precisa).

E o que dizer de "exato"? É evidente que nem uma palavra, nem uma frase podem ser exatas enquanto tais. Veja-se o caso dos mapas, onde a exatidão encontra seu terreno mais propício; um mapa exato não é, por assim dizer, um *tipo* de mapa, como o é, por exemplo, um mapa em grande escala, um mapa detalhado, ou um mapa claramente desenhado – sua exatidão está no *ajuste*[13] do mapa *ao* terreno que mapeia. Poderíamos dizer que um relatório exato, por exemplo, deve ser *verdadeiro*, ao passo que um relatório muito preciso ou detalhado pode não o ser; e há algo de certo nesta idéia, embora eu não esteja de todo à vontade com ela. "Não verdadeiro mas exato" é manifestamente errado; mas "exato, e portanto verdadeiro" também não parece estar completamente certo. Será que é só pelo fato de "verdadeiro", depois de "exato", ser redundante? Valeria a pena comparar a relação de "verdadeiro" com, digamos, "exagerado"; se "exagerado, e *portanto* não verdadeiro" não parece totalmente certo, pode-se tentar "não verdadeiro *no sentido de* exagerado", "não verdadeiro, *ou, antes,* exagerado", ou "*na medida em que* é exagerado, não verdadeiro". Evidentemente, da mesma forma que nenhuma palavra ou frase é exata enquanto tal, nenhuma palavra ou frase configura semelhante exagero. Mas tudo isso não passa de digressão.

O que havemos então de fazer da idéia de que as frases sobre os dados dos sentidos são precisas enquanto tais, enquanto as frases acerca de "coisas materiais" são intrinsecamente vagas? A segunda parte desta doutrina é, em certo sentido, inteligível. O que Ayer parece ter em mente é que ser uma bola de críquete, por exemplo, não implica ser olhado em vez de tocado, olhado sob determinada iluminação, distância ou ângulo específicos, tocado com a mão e não com o pé, etc. Isto é, sem dúvida, perfei-

---

13. Também no sentido de "ajuste" ou "encaixe", ligado a uma finalidade prática: um mapa geológico pode não ser "adequado" para uma viagem turística, embora o território mapeado seja o mesmo. (N. do T.)

tamente verdadeiro, e o único comentário requerido é que não constitui motivo para dizer que "Aquilo é uma bola de críquete" é vago. Por que deveríamos dizer que é vago "em sua aplicação aos fenômenos"? A expressão não se destina, certamente, a ser "aplicada aos fenômenos". Pretende-se, com ela, identificar um tipo particular de bola – um tipo que, de fato, está definido de modo completamente *preciso* – e a expressão faz essa identificação de modo plenamente satisfatório. Qual será a atitude do locutor se lhe pedissem para ser *mais* preciso? A propósito, como já foi apontado antes, seria um erro assumir que uma maior precisão constitua sempre um aperfeiçoamento; pois, em geral, é mais difícil ser mais preciso; e, quanto mais preciso for um vocabulário, menos fácil será adaptar-se às exigências de situações novas.

Todavia, a primeira parte da doutrina é muito menos fácil de compreender. Ao dizer que "o significado de uma frase que se refere a um dado dos sentidos é precisamente determinado pela regra que a correlaciona com *o dado dos sentidos* em questão", Ayer dificilmente pode querer dizer que tal frase pode remeter somente a *um* dado dos sentidos *específico*; pois, se assim fosse, não poderia existir uma *linguagem* dos dados dos sentidos (mas somente, suponho eu, "nomes de dados dos sentidos"). Por outro lado, por que cargas d'água deveria ser verdade, *em geral*, que as expressões usadas para remeter aos dados dos sentidos devam ser precisas? Uma das dificuldades desse contexto é que nunca fica claro se Ayer encara a "linguagem dos dados dos sentidos" como algo já existente, e que usamos, ou se a considera apenas uma linguagem possível que, em princípio, poderia ser inventada; por esta razão, nunca se sabe bem o que é preciso considerar, ou onde buscar exemplos. Mas isto tem muito pouca importância para os nossos propósitos; quer pensemos numa linguagem existente, quer numa linguagem artificial, não existe, em todo caso, uma ligação necessária entre a referência aos dados dos sentidos e a *precisão*; os termos classificatórios a serem usados podem ser extremamente grosseiros e gerais, e por que não haveriam de ser? Talvez seja verdade que a referência aos dados dos sentidos não pode ser "vaga em sua aplicação aos fenômenos" *exatamente* no sentido em que, segundo Ayer, a referência a "coisas materiais" *deve* ser; mas esta não é, realmente, uma maneira de ser vago. E, mesmo que o fosse, fica bastante óbvio que o evitar ser vago não constitui uma garantia de precisão. Há mais que uma maneira de se ser vago.

Assim, ao sumário apresentado páginas atrás podemos acrescentar o seguinte: não existe razão para dizer que as expressões usadas em referência a "coisas materiais" sejam (como tais, intrinsecamente) vagas; e não existe razão para supor que expressões usadas em referência a "dados dos sentidos" seriam (como tais, necessariamente) precisas.

XI

Concluo com algumas observações sobre uma parte do livro de Warnock sobre Berkeley[1]. Nesse livro, com cujo conteúdo concordo em grande parte, Warnock mostra-se um praticante relativamente prudente; e, não nos esqueçamos, escreveu muitos anos depois de Price e Ayer. Mas, mesmo assim, acho evidente que algo falhou gravemente, pois ele termina por uma dicotomia entre dois tipos de enunciados, um acerca de "idéias", e outro acerca de "objetos materiais", do tipo contra o qual venho argumentando ao longo de todo este livro. O que Warnock tenta é fornecer uma versão da doutrina de Berkeley, removendo aquilo que vê como erros e obscuridades desnecessários; em outras palavras, não apresenta explicitamente opiniões próprias. Não obstante, algumas de suas opiniões emergem no decorrer da discussão; em todo o caso, argumentarei que é demasiado indulgente com a sua versão das doutrinas de Berkeley. Tudo desliza sem atritos, não

1. Warnock, *Berkeley*, caps. 7-9.

nos enganam: mas no fim, por assim dizer, a emenda sai pior que o soneto.

Warnock começa (na passagem que nos interessa) por tentar explicar o que Berkeley quis dizer, ou, pelo menos, o que quereria ter dito, pela afirmação de que só as "nossas próprias idéias" são "imediatamente percebidas". Por que, para começar, Berkeley levantou uma objeção às observações quotidianas como as de que vemos cadeiras e arco-íris, ouvimos carros e vozes, cheiramos flores e queijo? Não é que, diz Warnock, Berkeley ache que tais observações nunca são *verdadeiras*; a idéia é que, ao dizer tais coisas, falamos imprecisamente[2]. Ainda que não cause grandes danos dizer-se, por exemplo, que ouço um carro na estrada, "estritamente falando, o que de fato *ouço* é um som". E o mesmo acontece em outros casos; nossos juízos de percepção correntes são sempre "imprecisos", no sentido de que vão além do que realmente percebemos, de que fazemos "inferências" ou suposições.

O comentário de Warnock sobre isso é que, como diz Berkeley, normalmente fazemos suposições e aceitamos algumas coisas como verdadeiras ao dizermos (por exemplo) o que é que vemos; contudo, acha que Berkeley está errado ao sustentar que fazer isto é expressar-se sempre de modo impreciso. "Pois, para relatar o que vejo de fato, é suficiente restringir minha afirmação àquilo que, com

---

2. De fato, Warnock deixa a parte fundamental da afirmação de Berkeley em relativa obscuridade ao pretender formulá-la de tantas formas diferentes que nos deixa perplexos. Além de dizer que Berkeley é contra o falar "imprecisamente", também o apresenta, vez ou outra, como estando em busca de *exatidão, precisão, rigor* e *clareza*; do uso *correto* das palavras, do uso *apropriado* das palavras, do uso das palavras que *se ajustam rigorosamente* aos fatos, que expressam apenas aquilo que *temos o direito* de dizer. Warnock parece achar que todas essas afirmações vêm a dar no mesmo.

base no que vejo nas circunstâncias que se me apresentam, *tenho o direito de dizer*; e, em boas condições de observação, tenho sem dúvida o direito de dizer que vejo um livro"; e, também, "não fazer nenhuma suposição acerca daquilo que produz os ruídos que ouço é ser especialmente cauteloso ao dizer o que se escuta; mas o discurso correto não exige que sejamos sempre o mais cautelosos possível". É verdade, pensa Warnock, que a pergunta "O que você realmente viu?" exige que quem responde seja *menos* liberal em seus pressupostos, nos testemunhos que lhe chegam de fora, etc., do que quando diante da pergunta "O que você viu?"; contudo, ela não exige que os pressupostos e testemunhos sejam completamente eliminados, e Berkeley está errado ao sugerir que, "estritamente", isto seja necessário.

Pelo menos num ponto o próprio Warnock desviou-se do caminho certo. Ele ilustra a distinção entre "ver" e "ver de fato" com o caso da testemunha submetida a interrogatório pela parte adversa, que é orientada a restringir suas observações àquilo que *realmente viu*; e conclui, a partir deste (único!) exemplo, que dizer o que se viu realmente é retrair-se sempre um pouco, ser um pouco mais cauteloso, atenuar aquilo que se afirma. Em geral, porém, isso não é verdade; pode ser que o oposto é que seja verdadeiro. Posso começar por dizer que vi uma pequena mancha prateada, e continuar dizendo mais adiante que, na verdade, foi uma estrela o que vi. Posso dizer, como prova, que vi um homem disparar uma arma, e dizer em seguida que "vi-o, de fato, cometer o assassinato!". Quer dizer (para ser curto e grosso), às vezes posso supostamente ver, ou achar que vejo, *mais* do que na verdade vejo, mas, às vezes, posso ver *menos*. Warnock está hipnotizado pelo caso da testemunha nervosa. Antes de conferir algum peso à palavra "efetivamente", teria sido bem melhor não apenas considerar um número maior de exemplos de seu uso, mas também compará-la com expressões afins, como "realmente", "de fato", "na realidade dos fatos", "com efeito".

Mas, seja como for, Warnock prossegue, Berkeley não está realmente preocupado com a questão do que *efetivamente* percebemos, mas com a resposta à sua própria pergunta, o que percebemos *imediatamente*. Acerca disto, afirma que "a expressão não possui nenhum uso corrente", de forma que, em sua opinião, Berkeley tem o direito de usá-la do modo que lhe aprouver. (Esta opinião é extremamente ousada. "Perceber imediatamente" pode não ter um significado *claro*, mas, seja como for, "imediatamente" é uma palavra bastante comum, cujo significado corrente possui, sem dúvida, implicações e associações substancialmente exploradas pelo argumento.) Bem, e como é que Berkeley usa essa expressão? Warnock nos dá a seguinte explicação: "Digo, por exemplo, que vejo um livro. Admitamos que é perfeitamente correto dizer uma coisa destas. Mas nesta situação existe ainda algo (não o livro) que é *imediatamente* visto; pois, quer as futuras investigações confirmem a alegação de que vejo um livro, quer não o confirmem, seja o que for que eu saiba ou em que acredite acerca do que vejo, ou seja o que for que possa ver, tocar ou cheirar se me aproximar mais, existe *agora* no meu campo visual uma certa forma colorida, ou um padrão de cores. Isto é o que vejo *imediatamente*... É mais 'fundamental' que o próprio livro, no sentido de que, embora possa ver imediatamente esse padrão de cores sem que ali exista livro algum, eu não poderia ver o livro, nem, aliás, *coisa nenhuma*, a não ser que tais formas coloridas aparecessem no meu campo visual."

Mas *será* que isto introduz de modo satisfatório a expressão "percebo imediatamente"? Parece que aquilo que se vai dizer que vejo "imediatamente" deve ser o que se encontra "no meu campo visual". Mas esta última frase não é explicada; acaso o livro não está no meu campo visual? E, se a resposta certa à pergunta "O que está no meu campo visual?" for, como supõe Warnock, "uma forma colorida", por que é que se haveria de assumir, além disso, que isto é "alguma coisa, e *não o livro*"? Seria perfeitamente natural e adequado dizer "Aquela mancha de vermelho ali *é* o livro" (compare-se "Aquele ponto branco é a minha casa"). Por ignorar que se pode, correta e perfeitamente, dizer que formas coloridas, manchas de cor, etc., *são* as coisas que vemos, Warnock está mesmo é introduzindo aquela dicotomia tão destruidora entre "objetos materiais" e entidades de algum outro tipo. Além disso, ele próprio admitiu, em diversas passagens anteriores, que é possível dizer que as manchas de cor, etc., podem ser (e se diz que são) vistas, num sentido perfeitamente comum e familiar; por que, então, temos agora que dizer que são vistas *imediatamente* como se pedissem um tratamento especial?

A seguir, a exposição de Warnock toma novo rumo. Até aqui, parece ter ido ao encontro das opiniões de Berkeley a ponto de conceber que existem *entidades* de algum tipo – não "coisas materiais" – que são o que "percebemos imediatamente". Mas, nos dois capítulos seguintes, adota a linha lingüística, tentando distinguir o *tipo de frase* que expressa um "juízo de percepção imediata". Partindo do dito de Berkeley segundo o qual "os sentidos não fazem inferências", Warnock desencadeia o conhecido processo de aprimorar reduzindo e eliminar o supérfluo, com a intenção de chegar à forma de asserção idealmente básica e inteiramente mínima. Seu ponto de partida é bastante inadequado, o que já o mostra a meio caminho da perdição. O que procura, diz, é um tipo de asserção "em cuja enunciação 'não façamos nenhuma inferência' ou (como sugerimos que seria melhor dizer) não aceitemos nada como verdadeiro, não façamos nenhuma suposição". A julgar por sua colocação, fica claro que ele está cometendo o erro (a esta altura) conhecido de supor que existe uma *forma de palavras* que satisfaz esta exigência, enquanto outras não o fazem. Mas os seus próprios exemplos servem para mostrar que isto *é* um erro. Considere-se, diz Warnock, o enunciado "Ouço um carro". Segundo ele, trata-se de um enunciado não mínimo, um enunciado de "percepção imediata", uma vez que, ao fazer esse juízo, o som que ouço me leva a "fazer suposições que uma investigação posterior poderia mostrar serem errôneas". Mas, de fato, a questão de saber se estou ou não fazendo suposições que podem revelar-se errôneas depende não da forma das palavras que uso, mas das circunstâncias em que me acho colocado. A situação que Warnock evidentemente tem em mente é aquela em que ouço um som semelhante ao de um carro, mas em que, *com exceção* do som, nada mais tenho em que me basear. Mas como ficamos se eu já souber que há um carro lá fora, se realmente posso vê-lo, talvez até mesmo tocá-lo e cheirá-lo? O que, *então*, estaria "supondo" caso viesse a dizer "Ouço um carro"? Que "investigação posterior" se faria necessária, ou mesmo possível?[3] Fazer

3. Parte da dificuldade está em que Warnock nunca deixa suficientemente claro *o que*, exatamente, se considera que se supõe, ou o que se aceita como verdadeiro. Às vezes parece ter em mente outros fatos acerca da situação presente, às vezes o resultado das futuras investigações do locutor, outras vezes a questão do que outros observadores informariam. Mas pode-se supor que todas essas coisas sejam equivalentes?

com que a formação de palavras "ouço um carro" pareça *intrinsecamente* vulnerável, mediante a insinuação de que seu proferimento *só pode* basear-se na audição de um som, é pouco menos que um esquema para incriminar um inocente.

Por outro lado, Warnock condena, como também não mínima, a formação de palavras "ouço uma espécie de ronronar", com base em que quem diz isto está assegurando que não está com tampões nos ouvidos; um ruído muito alto chegaria até ele como um ronronar, devido aos tampões. Contudo, não se pode dizer a sério a alguém: "Mas você poderia estar usando tampões de ouvido" *sempre que* a pessoa se exprima através daquela disposição de palavras; a pessoa não está, necessariamente, *assumindo* que está com os tampões, pode *saber* que não está, e a sugestão de que poderia estar pode ser, em si, perfeitamente absurda. Embora Warnock insista em que nem ele, nem Berkeley, tenham nenhuma intenção de lançar dúvida sobre os juízos que normalmente fazemos, nem de argumentar a favor de algum tipo de ceticismo filosófico, esse método de representar as formações de palavras como sendo em geral *vulneráveis* constitui um dos principais dispositivos mediante os quais o ceticismo costuma insinuar suas teses. Dizer, como Warnock, que fazemos suposições e damos por certas determinadas coisas *sempre que* fazemos asserções comuns é algo que, sem dúvida, faz estas últimas parecerem inconsistentes, e de nada adianta ele afirmar que não é isso que ele e Berkeley querem dizer. Acrescente-se a isto o fato de Warnock intensificar, sutilmente, esse ar de inconsistência, indo buscar seus exemplos na esfera da audição. De fato, é freqüentemente verdade que, julgando pelo som, façamos algum tipo de inferência ao dizer o que ouvimos, e em geral é muito fácil ver como podemos nos enganar. Mas, com o ver (ao contrário do que Warnock aceita tranqüilamente como verdadeiro) não sucede exatamente o mesmo, pois as questões colocadas à audição são caracteristicamente decididas pela visão.

Na verdade, o que Warnock busca é uma formação de palavras não com o máximo de certeza, mas com *o mínimo* de risco, cujo uso nos exponha o menos possível. No fim, chega à fórmula "parece-me agora que..." como prefixo geral que garante a "imediação" e mantém o locutor dentro dos limites das "suas próprias idéias". A doutrina de Berkeley segundo a qual os objetos materiais são "coleções de idéias" pode então, pensa Warnock, ser apresentada com roupagem lingüística, como a doutrina segundo a qual uma frase sobre um objeto material *significa o mesmo que* uma coleção indefinidamente ampla de frases começando por "parece... que". "Qualquer enunciado sobre uma coisa material é realmente (ou pode ser decomposto em) um conjunto indefinidamente amplo de enunciados acerca do que parece, ou, em condições apropriadas, pareceria, se o locutor e outras pessoas e Deus estivessem ouvindo, vendo, sentindo, saboreando, cheirando."

Ora, Warnock considera (não sem razão) inaceitável essa relação entre enunciados sobre "coisas materiais" e enunciados sobre "idéias". Com efeito, existe algo de absurdo na idéia de que tudo o que nos é dado fazer é empilhar mais e mais enunciados a respeito de como as coisas parecem; e, se foi isto que Berkeley quis dizer, então os que disseram que ele falhou em fazer justiça à "realidade das coisas" tinham razão em dizê-lo. Warnock, porém, não fica por aí; prossegue, dizendo que os enunciados acerca de "coisas materiais" não são *o mesmo* que conjuntos de enunciados sobre como as coisas parecem

– os dois tipos de enunciados mantêm, entre si, a mesma relação que se verifica entre *vereditos* e *evidências*, ou, pelo menos (ainda segundo Warnock), a relação é "muito similar". "Existe uma diferença lógica essencial entre discutir evidências e pronunciar veredictos – diferença essa que não pode ser abolida por nenhuma quantidade, mesmo vasta, de evidências acumuladas, por mais conclusivas que possam ser... Do mesmo modo, existe uma diferença lógica essencial entre dizer como as coisas parecem e como elas são – uma diferença que não se pode eliminar reunindo mais e mais descrições de como as coisas parecem."

A comparação, porém, é completamente desastrosa. Envolve, claramente, a aceitação de um certo número dos erros antes mencionados – por exemplo, da idéia de que os enunciados acerca das "coisas materiais" enquanto tais baseiam-se, têm sempre que basear-se, em evidências, e de que existe um tipo particular de frase cuja função é fornecê-las. Mas, como vimos, o fato de eu dispor ou não, precisar ou não, de evidências para aquilo que digo não é questão que diga respeito ao tipo de frase emitida, mas sim às circunstâncias em que me encontro; e, se se produz (ou exige) evidência, não existe nenhum tipo especial de frase, nenhuma forma de palavras, que tenha de ser usado com tal finalidade.

Mas a comparação de Warnock também leva direto ao tipo de ceticismo que, oficialmente, está ansioso por repudiar. Pois os veredictos são dados, em função das evidências, por juízes ou júris – quer dizer, exatamente por pessoas que *não* eram as verdadeiras *testemunhas* do assunto em questão. Proferir um veredicto com base em evidências consiste precisamente em pronunciar-se sobre assunto em que não se é autoridade em primeira mão. Assim, dizer que enunciados sobre "coisas materiais" são, em geral, como veredictos, é deixar implícito que nunca estamos, não podemos estar, na melhor posição para formulá-los – que, por assim dizer, não existe algo como ser uma testemunha ocular do que ocorre no "mundo material" –, o máximo que podemos conseguir são evidências. Mas colocar as coisas nestes termos equivale a fazer com que pareça perfeitamente razoável a sugestão de que nunca podemos *saber*, estar *certos* da verdade de qualquer coisa que dissermos acerca das "coisas materiais"; pois, afinal, parece que não dispomos de nada além de evidências para nos ajudar, não temos acesso direto ao que realmente ocorre, e os veredictos são notoriamente falíveis. Mas quão absurdo, de fato, sugerir que estou *proferindo um veredicto* quando falo do que está se passando diante de meu nariz! É exatamente esse tipo de comparação que se pode chamar de nocivo. Além do mais, o retrato que Warnock traça da situação não só a põe de cabeça para baixo, como também a distorce. Os seus enunciados de "percepção imediata", longe de serem aquilo de que partimos para *avançar* rumo a juízos mais comuns, são, na verdade, aquilo a que se chega – o que ocorre, nas palavras de Warnock, ao *descartar-se* dos enunciados mais usuais, através de enunciados progressivamente mais evasivos. (Ali está um tigre – *Parece* ser um tigre – Parece-*me* que ali está um tigre – Parece-me *agora* que ali está um tigre – Parece-me agora que *talvez ali haja* um tigre.) Parece extraordinariamente perverso representar, como aquilo em que se baseiam os enunciados correntes, uma formação de palavras que, *partindo de* um enunciado corrente (e mais ou menos incorporando-o), qualifica-o e atenua-o ao longo de diferentes e progressivas maneiras de conferir-lhe um caráter mais evasivo. Para emporcalhar a mesa durante uma refeição é preciso que o prato não esteja vazio. Não ocorre, como sugere a linguagem de Warnock, que possamos parar de atenuar os nossos enunciados desde que exista uma boa razão para dar-lhes livre expressão; o fato é que só *começamos* a atenuá-los quando existe alguma razão para fazê-lo, algo de ligeiramente estranho ou fora do normal a respeito de uma situação específica.

O erro mais geral e grave do argumento de Warnock é que ele se colocou (ou, talvez, para isso tenha sido levado por Berkeley) em posição de endossar a doutrina das duas linguagens – e parece, ao menos temporariamente, endossar a doutrina das duas entidades. A pergunta resultante, que diz respeito ao modo como a linguagem das evidências (linguagem das "idéias") se liga à linguagem dos objetos materiais, à qual Warnock tenta responder, é uma pergunta que não *tem* resposta, é completamente irreal. O principal é não se deixar iludir a ponto de fazê-la. Warnock piora as coisas ao deter-se na fórmula "parece... que", pois já está sobrecarregada com as noções de proferir sentença, avaliar provas, chegar a possíveis veredictos. Mas nada faria melhor o papel de um dos membros dessa falsa dicotomia. A política correta não é a adotada por Warnock, a de tentar remendá-la e fazê-la funcionar adequadamente; não é possível fazer isso. A política certa é regressar a uma etapa muito mais anterior e demolir a doutrina em sua totalidade antes que ela alce vôo.